志筑忠雄訳『鎖国論』——影印・翻刻・校註

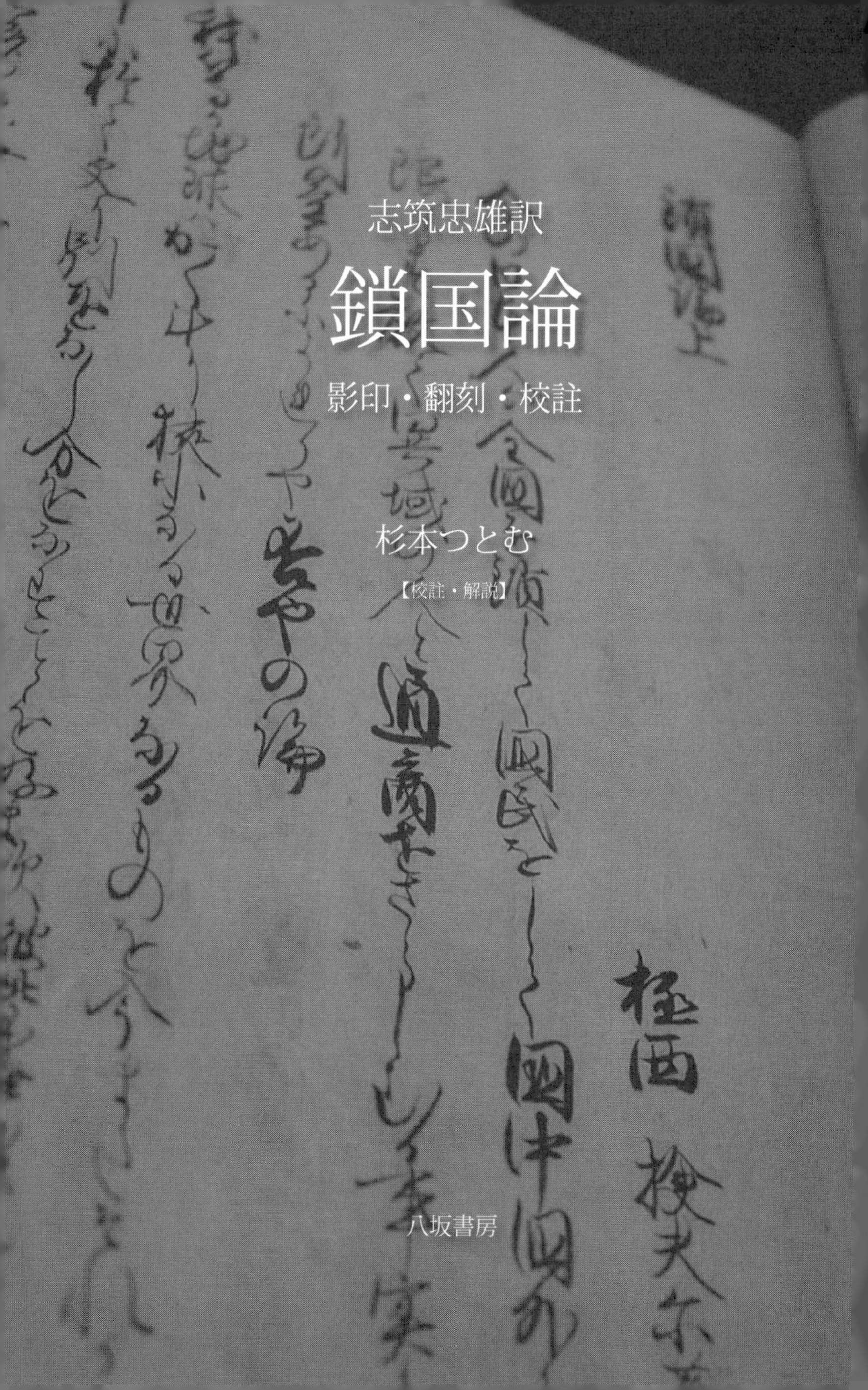

志筑忠雄訳

鎖国論

影印・翻刻・校註

杉本つとむ

【校註・解説】

八坂書房

まえがき

『広辞苑』に〈鎖国〉をみると、〈国をとざすこと。外国との通商・交易を禁止すること。↕開国／鎖国令　徳川幕府がキリスト教の伝播を避けるため、中国・オランダ以外の外国人の渡来・貿易と邦人の外国渡航を禁じた法令。寛永十六年以後しばしば発布〉（第一版第七刷、昭和三十四年十月）とある。この鎖国（gesloten te houden / opsluiting van het Ryk）という用語をオランダ語から上手に翻訳したのが、オランダ語に強かった長崎通詞、志筑忠雄である。

時は享和元年（一八〇一）、日本が日本独特の学芸・文化を創造して、その爛熟期を迎えんとする、まさにその入口のときである。

志筑は〈日本が国を鎖すことの是非〉を論じたE・ケンペルの所見を熟読し、自ら〈鎖国論〉と義訳（意訳）したとのべている。徳川時代、元禄期が平和で、芸能も娯楽も多種多様であり、人びとの生活も豊か、そのうえ食糧も医薬も何もかも充ち足りた時代で、まさに富国殖産に栄えている、そのさまを目撃して、ケンペルは鎖国の状態を肯定し、讃美の言葉をおしまなかった。こうした論評を読んだ志筑は、これこそと共感共鳴して、話の種にもなろうかと翻訳したという。さらには人民に何らかの幸福利益をもたらせばとも考えて、自ら積極的に翻訳という行動にふみきったというのである。

もし現代日本が鎖国になったらどうだろう。外国からものも人も来ず、また日本から海外への旅行もできず、この狭い島で一生をすごすことになる。しかし江戸時代はそれまでの開放的方針をがらりと変えて、政策としてこの鎖国へとかじをきったわけである。もし英語に訳すとしたら、National Isolation（国家的孤立）とでもいえようか。この鎖国を、世界広しといえどももっとも堅実にして世界に比類のない政治と讃美し、論じたのが鎖国の論であった。これは長崎出島に医師として元禄三年（一六九〇）に来日した、若く好奇心に富んだドイツ国籍の人、ケンペルによるところである。本来〈今日の日本〉とでもよぶべきその著作は、よき編集者の手により、まず英文の『日本誌』（The History of Japan）として出版され、さらにオランダ語に重訳された。そして、その中に描かれた〈鎖国論〉に魅せられたのが、志筑忠雄であった。もとより出版する目的も、出版書肆（社）の要請もなく、志筑は独り読書の楽しみを味わいつつ、広く日本人に、平和をエンジョイできる至上の洪福をケンペルとともに満喫してもらいたいと考えた。いわば鎖国万歳！のありがたい論に、国民的満足感をもって翻訳したのである。

そしてこの志筑の訳稿はその後、多くの関心ある有識者（インテリ）たちを魅了し、写され読みつがれていった。ただし一方で、肝心の訳稿は書写の段階で異形のもの――加筆や抜けという恣意的ゆがみ、誤写もあって――となり、真に志筑の訳稿として純粋な信頼できる写本、翻訳した享和元年当時に近い訳稿は、姿を消したまま今日に至っている。これまでよき写本を求めて、多くの研究者が精進努力されてきたが、いまだに善本なる写本は発見されていない。

しかし神の手のいたずらか仏の慈悲の賜か、志筑が訳了の翌、享和二年（一八〇二）と記する写本が、突如として私の眼中に入りこみ、手中におさまった。これを現代語表記に翻刻し印刷し、あわせて原本を写真版で収録、あえて私見の一端も付録のごとく編みこんでおいた。研究者、関心ある人びとに広く提供しようと決断、出版社の熱い情に後押しされて、ここに公開することとなったわけである。その是非は読者諸子の御判断におまかせする。心ゆくまで味読されたい。

なお冒頭に引用の『広辞苑』にみえる〈鎖国令〉は、いうまでもなく、これを正式名称とする法令が発せられているわけではない。寛永十六年以前、すなわち寛永十二年（一六三五）～寛永十六年（一六三九）まで数回にわたり発令され、以後徳川氏が祖法として遵守した法令をまとめて、俗に後世、鎖国令などと仮称したわけである。

オランダ船、リーフデ Liefde（愛）号の日本漂着の年、一六〇〇年より四百年余をへて、一学究の徒として、研究対象に価する資料を公表できることにひそかな喜びを感じつつ筆を擱く。

著者誌

二〇一五年八月七日

志筑忠雄訳『鎖国論』

目次

I 翻刻篇

凡例

一　本書一〇三頁以下に影印掲載の架蔵本を底本とする。
一　翻刻にあたり板本『異人恐怖伝』を参照した。
一　句読点、清濁の一部は翻刻者が与えた。
一　漢字は原則として現行書体に改めた。
一　読みやすさを考慮して、適宜底本にはない一行アキを補った。
一　原本の見せ消は（　）でくくり、書込みはその旨、ことわった。
一　なお写本中の疑義のある語、句については、〈ママ〉と示さない。各自影印で確認されたい。
一　註には必要に応じて、『異人恐怖伝』板本との異同や、対応する原語などを補った。その際に用いる略号は以下の通り。
　　㊖＝『異人恐怖伝』　㊝＝原本蘭語版　㊟＝原本英語版
一　志筑の翻訳による独自の訳語は、〈造語〉と呼んだ。
一　註番号は頁ごとにあらためた。
一　引用中の校註者の註記は〔　〕で区別した。

鎖国論訳例

岡田氏図書（印）

一　是書は西域の人、エンゲルベルトケンフル[1]が、往年我国に渡て見聞せし所を集て著たる日本志の中にて、金骨ともいふべき所なるを、今特に摘出して拙き筆にもて[2]飜しつるものなり。日本志は彼方の語にて、[3]ベシケレイヒンギハンヤツパンといへる書なり。

一　書中所〻検夫尓（ケンフル）が自註あり。彼方にては短文なる註は書の間に、（字……）此の如く、前後に半月の形をなして其中間に記せり。此方にて二行に書するが如し。今は予が註と混雑せんことを恐るゝが故に、其首ごとに検夫尓自註曰の六字」（1オ）を加ふるものなり。

一　書中[4]の五言[5]対句の如きものあり。是は詩文の類なれども、彼方に五言七言なんどの事あるにはあらず。只其言の類たま〳〵相似たるを以て、助詞の類にて一二を添減して照応（の）を（朱）なさしむるのみなり。惣て

＊中扉は省略。

1　「エンゲルベルトケンプル」異／原著者、ケンペル Engelbert Kaempfer（一六五一〜一七一六）については解題等を参照。

2　「（拙き筆）をもて飜訳しつる」異

3　De Beschryving van Japan. 志筑が翻訳の底本とした蘭語版（一七二九年初版）の表題。なお以下翻刻にあたり、蘭語版（東京大学図書館蔵本、再版）、ならびに英語版（架蔵本）を参照した。

4　「書中に」異

5　二二頁一行目の詩行参照。

彼方にても詩には韻脚あれども、今是書に出たるは詞の類なる故韻脚は見へず。

一　彼方の字は音のみありて義なし、我等が国字のごとし。故に我国の人名地名等、皆其音を以て記せり。今是書中地名人名の類を記するに、或は本字を以し或は国字を以する。其故は、蘭字の音にてキヨモリ、ヨシツネ、サツマ、ヒセンなんどあるは、分明にこれ清盛、義経、薩摩、肥前なれば、直に本字を以て記」（1ウ）せり、読に便ならんが為なり。又日本二字の義を訓じて、ニツポンは日の基本といはんがごとしと記せるが如きは、もし日本は日の基本といはんが如しと記するときは、日本二字重復するが故に、国字を以てニツポンと記せるものなり。但し日の基本は原文には[1]ゴロントスラクハンデゾンとあり。又其酒をサケといふと記せるも、其酒を酒といふとは翻じ難し。酒は原文にはビールといふ。さればとて其ビールを酒といふと翻すれば、[2]ビールの語に対訳なし。故にまた国字を用てサケといふと記せり。又地名にボンゴとありて豊後とも備後とも分明ならぬ類あり。是等も原文のまゝに国字にて記せり。又右にいへるサケも実はサツキと記せり。是」（2オ）

1　(蘭)grondslag van de Zon（太陽の基本）

2　(蘭)bier

また原文の訛に仍れり。

一　常の文は平仮名(ヒラカナ)を用ゐ、蘭語蘭音は片仮名(カタカナ)を用う。前後と紛乱せざらんが為なり。

一　此書元来は鎖国論といへる題号もなく又上下巻の別もなし。是等はおのれが仮に設たるなり。

一　是[1]書を読んにはまづ世界の四洲五帯といふことを知べし。四洲は皇国、支那(シナ)唐をいふ、印度(インド)天竺をいふ、[2]靼韃(——ン)、伯尔祭亜(ペルシヤ)ハルシヤ国なり等は亜細亜(アジヤ)洲の中なり。魯祭亜(ロシア)今いふ赤人国の本国、都児格(トルコ)の都城、熱尔馬泥亜(ゼルマニア)国、和蘭(オランダ)国、波尔杜瓦尓(ポルトガル)国等は、欧羅巴(ヱウロッパ)洲の中なり。欧羅巴は亜細亜の西北にあり。欧羅亜(ママ)の南に亜夫利加(アフリカ)洲あり。此地に莫羅格(モロコ)国、「葛訥[3](モノ)」(2ウ)木太波亜(モタピヤ)国等あり。欧羅巴より西に方て亜墨利加洲あり。此地多くは欧羅巴人の為に押領せられたり。亜墨利加は我国よりいへば却て東にあり、地球渾円なるが故なり。又五帯は天の赤道の下を地の赤道とし、天の南北極の下を地の南北極とし、赤道より二極に至て、各〻九十度として赤道を距ること南北各〻二十三度半の間を○[4]共に煖帯といひ、二極を距ること各〻二十三度半の間を何れも寒帯といひ、寒煖の中間なるを南北何れも正帯

1　「是」はコノ（此）と読む。以下同。

2　「韃靼(タルタリヤ)」異／一般にはタタール（tatar, ダッタンとも）とよばれ、蒙古民族の一種。ここはクリミヤ、コーカサス、ヴォルガ、ウラル一帯からシベリヤに分布する蒙古系、トルコ系諸民族の総称であろう。

3　「葛訥木太波亜(モノモタッパア)」異／南アフリカ、現ジンバブエあたりに栄えた「モノモタパ王国」のこと。

4　○印を付して「共に……間を」まで細字にて挿入。異にはなし。

といふ。一煖二寒二正共に五帯なり。我国は北緯赤道より北に算す大概薩摩の海辺にて三十度なり、津軽にて四拾度なり、これ北の正帯中なる地なり。

作[1]噩之歳鳫来月既生魄」（3オ）

1「作噩（サクガク）」は酉年、「鳫（ガン）（雁）来月（ライヅキ）」は陰暦秋八月、「既（キ）生魄（セイハク）」は同じく十七日。すなわち「享和元年（一八〇一年）辛酉八月十七日」。

*裏半丁（3ウ）、余白。

鎖国論上

極西　検夫尔著

今の日本人が全国を鎖[1]して国民をして国中国外に限らず、敢て異域の人と通商せざらしむる事、実に所益あるによれりや否やの論[2]

一[*]　我等が地球はかく計り狭小なる世界なるものを、今またそれが中に於て、更に別をなし分をなすことを好まず（彼此不通なるらんことを好まずといふ意なり）議者多くは無道なりとせん。同好通交の道は人間の宜くあるべき所なるを、今もし是を破ることを好まば、其罪の大なること、人を殺に等しとせん。凡そ造物の生ずる所のもの、孰か同類聚会」（4オ）通交することを欲せざる。されば此儀に背て議論を立んものは、実に造物者を蔑視するものなり。

1　鎖（とざ）して

2　㊇Onderzoek; ㊖Enquiry.

*　㊇§.1（第一章）、また欄外に、Inleiding（序論）の小見出しあり。

挙世[1]て唯一の日輪を見、唯一の地面を踏て、又ともに同一の気に呼吸せり。天地の我為に設る所の節度、造物の我に与ふる所の法則、一として通[2]交階生の道に関系せずといふことなし。人生れて鶺燕にだも若ざらんやは（言は人としてかの鶺燕の皆よく異域に往通するに若ざらんやとなり）。豈かの天心の妙用自在を分付せられて、我体中に在て至尊たる所の神魂を以て、形体と一和せざる所ありとやせん（言[3]は神形全く格別ならんにこそ、形体を離れて神魂ひとり逸楽を得るの理もあらめと也）。今其形体をして恆に一国の中に囚[4]困せしめて、それと神魂とをして何も殊邦異域の奇観娯楽に与らし」（4ウ）むることを悪まば可ならんやは。かの衆星も無辺の天際に在て、これが為に大に競ふが如し（言は諸星またよく周遊して、其行を争ふが如し、何ぞ徒に一所をしも守らんとなり）。学者多くは信ずらく、諸星の体[5]尊して勝れたり。無物不毛の境なるべからず。然らば是また各一世界にして、種〻の有情なる衆生のよく天恩を信仰するの道を知たらんものありて、住所とすなるべし。然れば地球世界の未生以前より、是等の衆生は既に宇宙に充満せるものならし。ヨブ[6]（古人の名にしてまた其書の名）の第八に見へたるもまた此理をいへるにぞありける。されば何れの人も巷学陋習の小器を脱出して、敢て尊大雄偉高上の見[7]を立んと思はゞ、直に造物の慈悲、智慧の無窮なる」（5オ）ことを信じて、以て決定して憚る所あることなか

1 「世挙て」と返って読む。本書の一つのスタイルである。

2 「通交偕生」(異)／「偕生」は「共生」と同じ意。

3 「言」、言ウトコロハ、の意。こうした漢字一字による表現も本書の一つのスタイル。

4 囚困せしむ。造語か。とじこめ苦しめる意。

5 （諸星の）体尊くして

6 『旧約聖書』〈ヨブ記〉の第八章。(異)も同じ。(英)は「三八章」、呉秀三氏によれば、独語版も「三八章」とある由。

7 「見」は見解に同じ。

れ。それ星（離[体（朱）]）の天上にあるは、譬へば諸大城[1]の地上に在るが如し。然も天際浮游の大気、甚高遠にして中間に満たれば、其世界彼此互に通行すること能わず。既に此の如く不通の世界なるを以て観れば、其諸世界に住めらん衆生も、彼此各〻異種、異性、異状、殊品ならんこと、是皆決定し難からざるの道理なり。是論最も信を取るに堪たるのみならず、特に直実[2]の道理にさへ適ひたるを以て、此を反覆して彼に達して観るに、今かの独尊至智の造物者[3]の、同性同根なるものを以て造り出せる衆生にして、若くは彼球若は此の球の世界を共にして、同く住めらんものは、譬へば一城[4]の」（5ウ）内に同居せる民の如し。さらば宜しく相親睦して失ふことなかるべく、乃至其道に戻り、其事を破らんことのあらば、最上の罪科たらんこと、其理亦自ら明白なり。扨また別て我地球をいはゞ、造物これを設けて人民の住所とし、智彗[5]と慈悲とを以て亦よくことさらに造営して、其人民をして悉皆相通じて一体となるべからしむ。国土の異に随て其産する所種〻の草木あり、種〻の禽獣あり、種〻の金石あり。天下最上歓楽の地といへども、悉皆万殊其前に備へて具足することはなきものにぞある。

1 「大域」（異）
2 「真実」（異）
3 （蘭）de alleen en alwyze Schepper（唯一にして全智全能の造物者＝神）
4 「一域」（異）
5 「智慧」（異）

此[1]有二饒禾稼一、彼有二美蒲萄一、印度出二象牙一、沙巴産二名香一〔沙巴地名〕」（6オ）

されば人倫互に扶助する所の切用のもの、是ぞ通交同好の要枢なるものなりける。然らば今の日本人が目前に、この天経[2]を破廃し、顕露にかの天心を軽侮し、妄りに天の期する所の同好の法則、人間一日もなくてあるべからざるものを残[3]ふが如きは、如何でか正理に適へりとし、如何でか罪に中らずとせん。既に其国中を禁錮し、外国諸方の人と通商通路することを悪て、乃至入来せんと欲するものあれば強て拒みて遠け、土人を境内に籠て恰も獄囚の如くし、暴風諸災の為に異国の浦に漂着しけむものをさへに、異邦を見しとだに聞ときは、生涯これを囹圄[4]に囚ふることと逋逃[5]のものを捕へ反れるが如くし、」（6ウ）自ら好て本国を去しものあれば、若くは国を不足なりとして出けんも、または海外の処〻を観んと欲して出けんも一切にこれを磔刑に処し、異国の人不幸にして風暴破船の災によりて、かの浦に漂着することあれば、また捕へて獄に投ずるの類の如きは、豈彼の造物[6]の制度、上天の法則の天下に樹立せるものを破[7]

1 此に饒禾稼有り、彼に美蒲萄有り、印度象牙を出し、沙巴名香を産す。ウェルギリウス『農耕詩』（第一巻）からの引用という。「饒禾稼」は豊かな穀物。「沙巴」（サハ）は南アラビアのシバをさす。次頁の志筑註も参照。

2 (蘭) der wetten van de natuur（自然の法則）

3 残ふ

4 囹圄。レイゴとも。獄舎のこと。「囹圉」、(異)

5 逋逃。「逋」は捕縛をのがれるの意。

6 (蘭) de wetten der Natuur／註2参照。

7 破越。うちこわす。造語か。

越するに非ずして何ぞや。

*右は鎖国甚其理なきに似たることをいへり。諸星各一世界なりとすることは、元来厄日多(エジット)国人の、始て発明せし所にして、後世天学家多くは此流に帰依す。そは先づ大陽と恒星とを一種とし、同く不動なりとし、地球と五星とを伍として」(7オ)共に大陽の外を繞るとして、五星の類、皆各〻一世界なりとするものなり。委曲のことは天学書に見へて、予が訳せし[1]もあれば今は略しつ。また右の中間に見へたる四句の文は、原文に羅甸(ラテン)語を以て記せり、前の二句は、古の詩人ヒルギリユス[2]が語に本づけりと見へたり。今スラールト[3](人名)が羅甸書によりて、纔に大意を翻し得つるが如なれども、原文作意巧拙等の事に至りては、予が輩の得て窺ふ所にあらず。沙巴は福亜臘比亜(アラビヤ)国の中にあり。

右の段、天下を一体同好となさんと欲するの論は、彼方殆ト諸家普通の言たり。検夫尓次の段を言んが為に、先づ広くこれを」(7ウ)挙たり。次の段は乃チ検夫尓が独到[4]の論なるべし、自問自答の如し。

＊以下頁末「自問自答の如し」までは志筑の案文。このあとも同様に二字下げで本文と区別して示す。

1 志筑訳『天文管闚』（天明二年・一七八二成）、あるいは本書の翌年成稿の『暦象新書』（三冊）などをさすか。

2 「ヒルギリユス」㊊／ウェルギリウス Publius Vergilius Maro（前七〇―前一九）のこと。古代ローマ最大の詩人。前頁註1参照。志筑に『蘭詩作法』の著あり、また実際に蘭詩の創作も試みている。

3 Petrus van der Slaart. ロッテルダムの書肆。「羅甸書」は彼が一六九九年に刊行した羅蘭辞典をさす。

4 独創の意。造語か。

一　今我是[1]議論に述んと欲する所の、かの日本人が当今の国法によりて、饒[2]益するところあるが故に、必ず然くせざること能ざる所の実理に於て、既に後学の智士の異見あることを聞及びつれば、恐くは諸家各自の弁説非[3]謗、猶数多あるべかめれど、そは皆人〻の意に任ス。然といへども願くは暫ク談説を以て強て我を諭すことを止て、試に我放言せんことを許してよ。我固より理義の可なる所、悦べき所数多あるによりて、心を傾て信ずらく、今我地球の面に在て住しむるに、然く異語、異習、異趣の諸俗を以すること、造[4]化の聖智妙用に於て逆ふ所あることなし。たとへば一面の地ありて、唯に一種の」（8オ）民を容べきのみならずして、種〻許多の俗を受るに宜しきときは、我等必ズ其域内に於て河あり海あり連山の周繞せるありて、分[5]地の界をなせるを見る。又各別なる奇特、かの造物のこれを以て各俗[6]をして各方に居住して、自守自保すべからしむるものあるを見る。且（カツ）天既に巴[7]傍尓（バーベル）言語紊乱恐るべきの時に在て、かの従前いまだ同軌一体なりし人民をして、其密交同好を破りて、従来離散して、各党をして各地を住所とするに至らしむるものは、豈其所好所期の

1　是はコノ（此）に同じ。

2　饒益（ぎょうえき）。辞書にみえず、造語か。饒は豊かの意で大いなる利潤の意か。

3　非は誹に同じ。「誹謗」(異)

4　自然と神の両語に用いる。ここは神をいう。(蘭) de Goddelyke wysheid en voorzienigheid

5　分割された土地。志筑の用語か。

6　人間、人類とも。

7　「羅百爾（バーベル）」(異)／以下『旧約聖書』〈創世記〉十一章にある「バベルの塔と言語の混乱」の逸話が引かれている。本書と同年に成立の山村才助（輔）『西洋雑記』に〈羅鼻尓（バベル）の高台の説〉がみえる。バベルはヘブライ語で〈みだれ〉の意。実はアッカド語で〈神の門〉の音訳。

然らしむることあるの、確乎たる明験[1]を示せるにあらずや（此の事後に註す）。其後に至りて人民の根性一化しにけるが故に、彼等各方に於て漸〳〵一体となりて一箇の（国語）〈王国（朱）〉をなし、或は同好合一の」（8ウ）国をなすに及では、自然に同語なるもの相親て、隣国の異語をなすものを悪み、又は其栄を妬めり（王国は王の国なり。同好合一は諸地各別なれども合縦[2]して、一箇の長を立て事ふるをいへり、長の所有の地には非ず）。是故に今かの人主の兼併を嗜[3]もの、天然の封界を越て猶も其所領を広大にせんとすれば、其地に於て此方の艱難を平げ、彼方の騒動を治るに遑あらざるの間にして内乱外寇後に起りて、却て本国若干の地面を失ふこと毎〻しかり。又同好合一の国の強大なるものは、其長上に事ふるに諸俗烏合の力を以するにあるが故に、麾下の諸国政法格別にして平生互に猜忌の心を懐けり。是を以て過て強大なるものは没落に及ぶこと却て速なり。造化もし各地に恵むに、一切有用の具を」（9オ）以せ[4]ましかば、住民全く境域の内に満足して露ばかりも他人固有の地を犯す心を生ずるの道理あるべからず。此の如ならば史冊にも然く痛ましき値遇[5]、または哀なる落去なんどの事のみ、充満ることはなからまし。然らば相殺害し相搶掠[6]し、全国を転じて荒原となし、無人の境となし、さしも高明なる宮殿寺観を破て灰燼となし、

1 明らかなしるし。造語か。

2 合縦（がっしょう）。古典シナ語。ここは同盟の意。

3 嗜（むさぼる）もの

4 以せ（もって）ましかば／「（具を）もてして（住民……）」㊄

5 値遇（ちぐう）。仏教語、まれなる出逢い。

6 搶掠（そうりゃく）。うばいとる。

堆塊となすの類、其外許多の怖しき大変[1]、怖しき兵乱、さては惨刻不仁[2]の事、併呑侵奪の業の如き、人間一切聞知ることなくてこそありなまし。さらば又心安く其地を営み、勤て凶荒の地を開き、好て諸学諸芸を盛にし、進で善道を修し、悦て端正を事とし、情欲浅小」(9ウ)にして私事を貪らず。善を賞し悪を罰するに廉直を以し、子を育ふに謹慎[3]を以し、家族を御するに精審を以し、惣じて自となく他となく共に其福を得て、諸族何れも国家の治綱を守護するに足りぬべし。爰に最(モ)慶賀すべきは日本人の一流にてぞありける。其国檻[4]の内に在りて太平の沢を受て、異国の人と通商通交せざるを以て患とせず。如何とならば、地勢有福にして是等の事なくても堪るが故なり。さればまた我輩の異国と通商通交することを好めるは、偏に人生切用[5]のものを取来らんが為、またはかの切用のものをして好ならしめ佳ならしめ便ならしむることを致すものを来し具ふるが為に」(10オ)して、兼ては又花奢の風を止めんが為なれば、識るべきにはあらず 取来り来し具ふるは買なり花奢を止るは大過なるを出して売也 。刑法は恪[6]て国体を理治[7]せんが為なり [8]我国の治法、支那に習へる所あるの類をいへり 。教法は我心意をして安全堅固和楽ならしめんが為なり 我国の仏法、印度より来れるの類 。学術は我諸根をして、怜悧ならしめんが為なり。器械は達

1 タイヘン、大事件。
2 残酷(ザンコク)が一般的。志筑のくせか。
3 よく心を配る意。
4 国檻(こつかん)。国家という檻(おり)。造語か。
5 切要が正式。志筑のくせか。
6 恪(つつしみ)て、と読む。／「恪(ただし)く」㊋
7 道理で治(おさ)める。造語か。
8 志筑の立場の註記。

用の為、又は美好[1]の為なり。種〻の諸物は我衣となし我食となさんが為なり。医薬は我壮健を保ち又は壮健に復せしめんが為なり。是等皆我輩の異国人に求る所なるものなり。然らば今爰に一箇の国あり、造化これに処するに寛良[2]の徳を以して、一切生命を扶け保つの諸用を具へ施して、然も其人の勤労によりて、国勢強大にして世界に著顕するに」（10ウ）至るが如きは、若し其地勢の宜しきに随て、国体を際界の内に維持すること、甚難きにあらずして、且又国人の勢力勇気、外国入寇の変にあたりて、よく其国の為に防護するに足りぬべくだにあらば、堪てあるべき限は異国の産物器械を用ずして、是によりて兼てかれ等が不良軽忽矜奢の風、および詐譎戦争奸謀の害を免れんこそ、唯に議[3]の当然たるのみにもあらず。また大に其国の利益たらんこと必定なり。斯る国いづこにかあると尋るに、今に至りて世に知られたる日本にてぞありける。我今左の小記を以て其事を述て、特に日本と他国との差別を明白にせんと欲す。」（11オ）

巴傍尓(バーベル)は巴毗鸞(バビロン)国に巴傍尓台とて高台あり。今は破壊して山の如く見ゆといへり。太古ノアク゚[4]といへる人の時、天下大洪水ありて、万

1 美好(びこう)。みばえのよいこと。

2 造語か。心のひろく豊かなさま。

3 義とあるべき。本義など。

4 「箱舟」で有名な人類の祖ノアの伝説。蘭語表記Noachを忠実に写したもので、「ク」に半濁点は、chのいわゆる無声軟口蓋摩擦音を示す。

民悉く没溺[1]して、唯にノアクが一党のみ其災を免れて、巴毗鸞の辺に国をなして漸〻に蕃茂[2]したりける。其後大洪水より百年計[3]りありて、記事[4]の為にや有けん、高台を築きけるに其民既[5]に徒党を別て、各〻自然に言語を殊にし、相合て一体となること能はず。其上力役に倦て、終に各〻其党を引て四方に分散すといへり。右大洪水は年暦を考るに、いはゆる當堯[6]の時、洪水横流即是なり。ノアクは暦算[7]全書に上古大師諾厄とある是なるべし。アルケといひて、大なる」(11ウ)桴[8]の如くなるものを作りて、是に乗りて洪水を免れたりといへり。右のノアクが子セムは亜細亜の祖となり、ヤヘツトは欧羅巴の祖となり、カムは亜夫利加の祖となり、亜墨利加も亦カムが後なりといへり。惣じて欧羅巴にて、今の満世界は皆諾厄が後なりと思へり。巴毗鸞国今はジヨーロシヤ[9]国といへり。伯尓祭亜（ペルシヤ）国の傍にあり、其辺にアララツトといへる大高山あり。山上天気常に晴和なり。諾厄が乗りしアルケ、今猶こゝに安置せりといへり。惣て右の一段は、鎖国甚其理あることをいへり。通商[10]の事、今猶我長崎に移て、唐、和蘭陀の交易あれば、　皇国といへども絶て外国通商なきにはあら

1 溺れて死歿。造語か。

2 繁茂に同じ。

3 計（ばか）り。一般的用字。

4 「記事」の用語不明。㊡は「奇観」につくる。

5 以下次行「……能はず」まで他本と比して異文。ただし一般にはここの記述がしられている。「天其長傲を憎みて民をして徒党を別て各々自然に害論を殊にし相合て一体となること能ざらしむ」㊡

6 帝の誤写か。「帝堯」㊡

7 清、梅文鼎（一六三三〜一七二一）の著。

8 桴（いかだ）

9 不詳。あるいは（サファヴィー朝滅亡後のイランを統一した、トルコ系王朝、ガージャール朝（一七九六〜一九二五）をさすか。

10 「通常」㊡

ねども、此等は欧羅巴の眼より」（12オ）見れば通商といふにも足らず、

但し唐、和蘭陀の事篇末に詳なり。

一[*] ヤッパン其人はニッポンといへり、日の基本と云んが如し。即チかの欧羅巴に於て、是国の事を記せし諸家の最初たる名誉の遊行者、勿溺（ベネ）祭（シャ）亜国のマルキ[1]ユスポーリユスが、ジ[2]ッパンギリといへりける嶋国是なり（マルキユスポーリユスが事後に註ス）。実は衆嶋の惣体を称して日本といへり。許多の湾あり峡あり、又遠く地中に入来れる海ありて彼此の地を隔て別ゞならしむ。其形や、王国大玻里太泥亜（ブリタニヤ）と喜[3]百利尼亜（ヒベリニヤ）とに似たり（大玻里太泥亜は暗厄里亜国（イキリス）と思可斉亜国（スコシヤ）との惣名なり、此二国は一嶋なり喜百利尼亜は別嶋にして亦大玻里太泥亜に属せり）。東方隔絶の境にあり、造[4]化また是に恵むに、勝れて暴猛危険の」（12ウ）海を以して殆ト行て到るべからず、攻て克べからざるの地たることを得せしむ。是故に南方諸国より渡来する海船、周[5]歳の中多くはこれ暴浪逆風を犯すの時にして、我徒の船行に用べきの日は僅に少許りの間なるのみ。巌石多き海岸に接するに、曲隈浅水充満せるの海を以して大船を置に所なし。唯に一箇の佳港ありて稍著大なる船をも容るに宜し、これを長崎港といふ。然も其口極て窄小にして様ゞに汙[6]廻

* (蘭)§.2（第二章）、また欄外に Beschryving van Japan（日本の記事）と小見出しあり。

1 (蘭)Marcus Paulus／マルコ・ポーロ（一二五四〜一三二四）のこと。

2 (蘭)Zipangri

3 「喜（キ）」(異)／ヒ（キ）ベリニヤはアイルランドをさす。(蘭)Yerland.

4 自然。(蘭)de Natuur.

5 一まわりする一年。造語か。

6 迂の誤写か。「迂回」(異)

せり。鍛錬の舵師、其海の浅水、山礁、沙堆なんどよく暗記したらむものにありても、また通行の危難なる所たり。此より外、更によき港あることを知らず。[1]仮令これあらんには、其人[2]好生の心を推して我等に告る[3]ことなかり」(13オ)けんやは。凡そ我徒の大洋を渡るの災害危難、別て台湾、琉球の辺に在て甚しきの類は、逐一挙るに遑あらず。古時波尓杜瓦尓(ポルトガル)人（寛永の頃国禁になりし謂ゆる南蛮人是なり）が日本に通交せし頃、渡海の術いまだ[4]補虧せざるの時とはいひながら、三艘の船を出して其中の一艘恙なく到着せしを以て、猶も[5]有幸の挙とせしとなり。されば渡海と危難と常に相伴ひて離れざること知ぬべし。

欧羅巴(エウロッパ)洲勿溺祭亜(ベネシャ)国のマルキ｜ユスポーリ｜ユスといひし者　後宇多院[6]建治元年、生年十八にして本国を出て[7]韃靼国に行て、｜キユブライといへる王に事へ、其王の支那国を併するの時に値」(13ウ)て、随て支那に行て、前後十七年の間稍重く用られて、其後印度を経て再び帰国せりといへり。キユブライは元の世祖の名、[8]忽必烈と史に見たる是なるべし。このマルキ｜ユスポーリ｜ユスが話によりて欧羅巴人初て

1 仮令(たとひ)
2 造語か。生ヲ惜シム意。
3 「なかるべしやは」(異)
4 補虧(ほき)。造語か。補充に同じ。
5 造語か。幸運の意。
6 一二七五年。ただしマルコ・ポーロがヴェネツィアを出発したのは一二七〇年もしくは七一年、十七歳の時のこととされる。
7 「韃而靼(タルタリヤ)」(異)／ここは元の世祖、忽必烈(クビライ)（一二一五～九四）の名もみえ、いわゆるモンゴル帝国（元朝）をさす。
8 (異)に「忽必烈(コッヒッレッ)」とある。後人の読みか。

皇国を知れりといへり。ジッパンギリは其訛謬の言なり

一*　其地の衆[1]庶なること言語も及ざる所なり。然く不大の域にして、斯る莫大の人数を容ること、殆ト理外なりと想へる人もありなん。其諸大路の如きは村落、城郭、連続して殆ト一列なるが如く、纔にかの一郷を出れば、即チまたこの一郷に入る、行て数里を経れ共唯に一条の街市にあるが如にして、実は衆村の合成」（14オ）せることを知らず。是唯上古別村なりしを以て今は合一したれども、旧に仍りて其名を異にするのみ。又其地城邑多し、其莫大なるも広大荘[2]厳および衆庶なること、天下諸城の最大なるもの丶列にあり。其一をキヨーまたはミヤコといへり。尊称なり。都城または首都といふが如し。　ゲ[3]ーステレイケンヱルフケィヅル（天子をいへり、其義は後に註す、但し虧[4]字せるは訳者の意なり）の御座たり。縦三辰路（一辰各我半辰に当る）計り、横二辰路計り、城下の体甚タ斉整にして諸街相接る所、其角最モ方正なり。第[5]廿七の図を見よ（検[6]夫尓全書中に許多の図あり京、江戸の図其中にあり）。又江戸といへるあり。実は全国の首都たり。ウ[7]エーレルトレイキケイヅル（将軍家をいへり、是また後に註す）の御座たりと[8]いはん、第[9]三十の図を見よ。此事我既に」（14ウ）自[10]みづから知る所あり。城下の口

*（蘭）Zeer volkryk（衆庶）と小見出しあり。

1 人民、また人口の極めて多いこと。ここは後者。

2 「荘麗」（異）

3 （蘭）Geestelyken Elfkeyzer.「出世帝」（次頁参照）。

4 虧字。敬意を込めて一字空けとすること。

5 巻末の参考図版11を参照。

6 ケンペル『日本誌』本篇をさすか。

7 （蘭）Waereldlyken keyzer.「世間帝」（次頁参照）。

8 （……御座たり）「我敢てこれを天下に知れて隠れもなき大城の都たり」（といはん）（異）／原文も〈dat ik durf zeggen, dat het de grootste Stad is die bekent is〉とある。抜けたか。

9 巻末の参考図版12を参照。

10 「身」あるいは「自づから」の誤写か。／「身づから」（異）

なる品川より駕して、疾ならず徐ならずして大道を通過して行に、其道実は微く[1]屈曲せりとはいひながら、終日にしていまだ一方の界に届る[2]ことを得ず。

ゲーステレイケンは、仏家にて出世といへるが如し。エルフは世〻の義なり、ケイヅルは帝号なり、ウエーレルトレイキは仏家にて世間といへるが如し。出世帝、世間帝の義を漢文ニて言ば、礼楽帝、刑政帝などいはんかし。検夫尓は蘇尓祭亜国[3]の使者に伴ひて[4]、魯祭亜国を経て伯尓斉亜国に行き、遂に咬嚁吧に渡りて、夫より元禄三年瘍医[5]となりて暹羅国[6]を経て我国に渡来し、其翌年参府しぬ。元来は」（15オ）医師なり。

天下の大城広都の江戸よりも大なるものは、亜夫利加都尓格の地戹日多国カイロ城[7]、北亜墨利加の墨是哥城なんどあるのみ。カイロ城大サ外郭より中央まで一日半路、是城十一重の門ありて中なるは鉄を以て造れり。市には生たる獅子および鼉龍[8]なんどを売る所ありと、ニ[9]クキールへブレルといふ人の記に見えたり。是を天下第一の大城

1 微く（すこしく）

2 届る（いたる）

3 (異)は「スウェジヤ」の読み。スウェーデンをさす。

4 「つきて」(異)

5 瘍医（ようい）。外科医のこと。(異)は「ちやうい」と誤読。出島の商館医に任ぜられたことをさすか。

6 暹羅（シャムロ）。シャムに同じ。現在のタイ。

7 「該禄（ガイロ）」(異)／Cairo, 現地名 al-Qāhera（アルカーヘラ）.

8 鼉龍（だりょう）。ワニのこと。

9 ドイツの旅行家ヘベレル Michael Heberer をさすか。一五八二年にアジア・アフリカを巡った旅の記録が十八世紀初頭に刊行されている。*Ongelukkige voyagie van Michiel Heberer, van Breten, door verscheyde gedeeltens van Asia en Africa : in het Jaar 1582,...*, Leyden 1706.

とす。莫臥尓(モゴル)国の甘巴亜(カンバヤ)[1]城甚広大なるを以て、天竺のカイロと号すといへり。墨是哥(メキシコウ)城は、周囲払郎斯(フランス)国の道法にて三十里とコウラン[2]ツトルクといふ書に見えたり。」(15ウ) 我二十六里余当れり。是城往古は墨是哥(メキシコウ)国王の都城なりしを、欧羅巴洲の伊斯巴泥亜(イスハニヤ)国[3]より奪ひ取りて、今は国名をも新伊斯巴泥亜といへり。其外は支那国北京城中城下を共にして、周囲都逸(ドイツ)国道法ニて二十四里といへり。我三十四里八合なり。人数六百万余ありて、更に禁軍二十一万ありといへり。是等こそ江戸よりも大なるものなるべけれ。熱尓馬泥亜(ゼルマニヤ)国王都ウエーネン城中城下に通じて、人数六十万といへり。然れば北京の十分の一なり。魯細亜(ロシヤ)国都莫斯戈(モスコウ)都城周囲七里（此は何国の道法とも言ざれば和蘭国の道法なり）といへり。我九里計りなり。[4]ストロイスといへる人の記には八九辰路といへり。九辰は」(16オ) 我六里弱なり。又王室所属の外、城中城下に九万五千戸あり。往時は今の一倍計りなりしかど、一時カザンおよびキリミの韃人謀反して、大に乱入せしより以来は、大サ右の如といへり。但しストロイスが彼地に在しは寛[5]文の頃の事なり。九里に当る説は其後の言なり。寛文の後漸ゝ魯細亜国大に興起しければ、今はまた

1　カンバヤ。かつて港町として栄えたインド西部の都市。*Cambay.*

2　コウランテントルコとも。ドイツ人、J・ヒュブネルが編集した『現実政治新聞会話辞典』の蘭訳本。蘭学者が座右に置いた。Johan Hübner, *De Staats- en Koerantentolk, of woordenboek der geleerden en ongeleerden* ..., Leyden 1732.

3　「墨是哥国王」（より奪ひ……）と補って解する。

4　オランダ人、J・J・ストロイス Struys（一六三〇～九四）の『三つの著名な旅行記』*Drie aanmerkelyke reizen* ..., Amsterdam 1746 による。

5　一六六一～七二年。

初の如く大になりけんも知べからず。伯尔斉亜(ペルシャ)国王都イスハン、払郎斯(フランス)国の道法にて、周囲十二里といへり。ストロイスは十五辰路といへり。払郎斯の十二里は我十里四合にして、十六辰路に当れり。都尔格(トルコ)国王都[1]コンスタンチノポル、周囲意太里亜(イタリヤ)国の道法にて十五里」（16ウ）[2]園圃と本城とを除けば十二里といへり。其十二里は我四里三合計りなり。是等の外欧羅巴の大城は、意太里亜国都、羅媽(ロウマ)、払郎斯国王都、[3]パレイス、諳厄里亜国王都、ロンデン、此三城にしくはなし。然も羅媽城周囲、意太里亜国の道法にて[4]五里壱合弱に当れり。パレイスもロンデンも大サ大概羅媽城の類なり。右里数は何れもコウランツトルク（ヒユブネルといふ人著せり）に見へたり。ウエーネン以下の諸城の中、最大なるは伯尔斉亜(ペルシャ)国のイスハンなり。然も其周囲我十里四合に当るときは、これを円形の算にすれば全径[5]三里三合計りなり。江戸の全径は四里といへり。されば」（17オ）右の数城、何れも江戸の大サに及ざること知ぬべし。是を以て観れば右の外にも[6]大城なきには非れども、江戸より大なるものは得難きこと必定なり。然れば我国の京都、江戸を以て、天下最大城の列にあらしむること、元より

1 「公斯瑠丁百児(コンスタンテベル)」(異)／Constantinople, 現、イスタンブールの旧称。

2 園圃(えんゆう)。林や池などのある庭園。

3 「把理斯(パレイス)」(異)

4 (異)では「道法にて」のあと、「十三四里といへり我七合余または五里壱合」とあり

5 「二里」(異)

6 (異)に、（右の外にも）「亜夫利加(アフリカ)の馬邏可(マロウカ)城(じやう)弗沙(ベサ)城(じやう)など大城なきにしも」（非れども……）の文言あり。

的当の論なり。但し右にいへる我国の道法は六尺五寸を一間とし、六十間を一町とし、（六）〔三（朱）〕十六町を一里とするものをいへり。

一[*] 日本人に一箇の気象あり。我これを名けて胆気なりとやいはむ、英[1]勇なりとやいはん。讐敵の為に打敗られ打負たるの時、または怨を得て報ふること能ざるの時にいたりて、精神泰然としてみづから強[2]手を加ふることを難しとせず、其生命を軽賤すること」（17ウ）斯のごとし。

校者の言に曰、作者の羅甸語を以て此論を記せるを案ずるに、強手を自己の腸に加ふと見へたり。是は其人通例おのれが腹を切り結[3]きて、自殺することをいへり（検夫尓が死後に其諸篇を次序をなして全部せしめつる人を予が辞にて校者といへり）

一 其内乱の事跡に於て実に駭くべき事ども充満せり。されば昔時其人、各〻勇気第一たらんことを希ひしこと明白なり。其史記の載る所によりて、義経、清盛、楠、阿部ノ仲麿[4]（野馬台自殺の説を以てか）などいへる人、および其余名誉の人の、大武功ありし話を聞んものは何れも日本自讃すること、かの

＊ (蘭) De Japoneesen een kryg-achtig volk（好戦的国民たる日本人）と小見出しあり。

1 「英気」(異)／原文に held-hafigheid（勇壮〔ヒロイズム〕）とある。

2 「強手〔ごうしゅ〕」(異)／(蘭) geweldige handen（劇しい手）とあり、直訳。「強い一撃」。内容的には切腹のことであろう。辞書になし。

3 (異)「結きて」なし。

4 阿倍仲麻呂はシナ（唐）で死亡している。註文未詳。(蘭) Abino Nakimar.

古の羅媽（ロウマ）人が[1]「ミユッチイ」(18オ)スラホラおよびホラツチイコクリテス人二〔古時の勇者なり〕に於るが如なるべきことを信知すべし〔古時曾て羅媽の人、欧羅巴の内外を兼併せり、是を羅媽の代といふ、其開国の武功の事、今に至る迄伝へ称すといへり〕。爰に従来我が談説せし所の、当下の一証とするに足るべきは、かの薩摩州の産なる七人の若士[2]が、異国に於て別て和蘭人の前に於て、希有の働をなせしにてぞありける。其事左に言るが如し。千六百[3]三十年〔寛永七年〕のことなりける。其頃迄は日本もいまだ四方の通路開けて、国人何れの地にても随意に行て、通商せしける折なりしかば、一箇の日本の小船、交易の為に台湾に行けり。後にぞ台湾の地支那人に取られて今に至る迄支那の所領たれ、其頃迄は猶和蘭人の地にして、当時は」(18ウ)和蘭産なるビートルモイツ[4]〔人名〕台湾の刺吏[5]（ママ）たりしが、遺恨ありての事にや有けむ、かの小船にて渡り来たる日本人をば痛く厲[6]してぞ取扱ひける。日本人謂へらく、おのが身はさのみいふには足らねども、是は我君の恥辱にこそあれとて、国に帰りて其主君に対ひて大に歎き訴へけり。斯る忌ゝしき恥辱を殊には[7]ナンバニイ[8]〔検夫尓自註曰、南方の民をいへり、賤称なり、凡そ異国人をば皆いへり[9]、別て和蘭人をいへり、訳者曰、ナンバニイは南蛮人なり、我国の所謂南蛮人は伊斯波泥亜（イスハニヤ）人、波尓杜瓦尓（ホルトガル）人をいへり、和蘭人をば紅毛人とこそいへれ〕に受て、然もまた報ふべきやうなかりける程に、かの主君大に憤怒しける処に、其衛士等曰ク、我君よ君も

1 ムキウス・スカエウォラ Mucius Scaevola とホラティウス・コクレス Horatius Cocles をさす。ともに共和政ローマの草創期（前五〇九年）、エトルリアに攻められた際に、その武勇によってローマ陥落の危機を救った。なお註文の「開国」は(異)では「開闢」とある。

2 若士（わかざぶらい）

3 以下に紹介される日蘭間の抗争は台湾事件、ノイツ事件などの呼称で知られ、通例一六二八年のこととされる。一六二四年にオランダ人はゼーランディア城を築いた。

4 (蘭)Pieter Nuyts／ピーテル・ノイツ（一五九八〜一六五五）

5 「刺史」(異)が正しい。（台湾の）行政長官。

6 厲（れい）してぞ。(異)は「厲（はげ）しくぞ」。

7 (異)「殊には」なし。

8 (蘭)Nanbani

し我等に君の讐を報ふることを許し給はずば、我等永く君の侍衛たること能はじ。我等願くは無道者の血を以て是汚穢」（19オ）を洗滌せん。彼凶賊が首を取来らんか、又は生ながら君が前に引ば、君それ随意に適当の罰を加へたまへ、我等が中にて七人あらば足りぬべし。海路の危険なる、城郭の堅固なる、侍衛の衆多なる、彼が為に防禦をなすとも、如何でか我憤[1]排の鋭利なるに堪ん。彼等は南蛮人也。我等はニホンジーン[2]（検夫尓自註曰、日本人といふことなり、又微[3]意を以て言へば、天が下なる世界の人といふことなり、訳者曰、検夫尓何を以てしかいへるにや知べからず）なり[4]神孫なりといひて頻りに請ひ求めて、終に許容を得てけり。是実に大胆の挙[5]なりといへども、謹審を用ることも又少からずして、勇気と機変とを以て是を能しけり。扨海路順にして恙なく台湾に到り、刺史に謁し、即チ一斉に刃を抜てかれを擒[6]にして白昼におのが」（19ウ）船に伴ひ行ぬ。衛士家族目前にあれども彼が刀を抜て威を示し、僅に少く敵対するものあらば即時に刺し殺さんとする勢の不敵なるに恐れて、一人も敢て彼等を退けて刺史を助けんと働き得る者はなかりけり。

和蘭人は日本人をばヤポネーセンといへり。又ヤツパンドルスとも

---

9 「さいへり」㊮

1 造語か。憤激と排除で合成であろう。
2 ㊔ Nifonsin
3 ㊮では「微意」の「微」は欠字。
4 ㊮の板本は「なり神孫なり……」以下二丁分（十七・十八丁）が落丁。
5 「譽」㊮
6 擒（とりこ）

いへり。台湾の話は浜田兄弟が事なり。主君といへるは末次平蔵をいへり。凡そ検夫尓が言相違せる所も数多ありて、一ミは正すに遑あらねど、大意はよく聞へたり。[1]和蘭人にて我国の語をも知ずして記したればさ計りの相違はありぬべし。見ん人訳者をな咎め給ひそ。」（20オ）

一[*] 愛憎栄辱の際に当て同僚相扶て末孫に至る迄是を守りて、曾て得る処の怨恨の連趣をば、子孫受ヶ引て互に仇をなして、両党の一を滅し殺し殲[2]に非れば多くは止ず。凡そ其民斯の如きの風俗なるものは勇敢決断虧る所なるべからず。曾て日本の国権、長く厲[3]しき内乱にかゝりけるをば平家源氏、両党を別て争ひける。其事こそ日本人の怨を含み、讐を復するの心の深く永きを知るべき一証にして、其話を聞にまた最も痛まし。戦に勝し源氏は平家の名族を全く根を抜に非れば、意に満るに足らずとせし程に、辛き一死を逃れけるは僅に数人のみにして、隠避[4]の地を求てボンゴ（備後をいへりや 豊後をいへりや）の中なる行も行れぬ高山に」（20ウ）走り居たりける。其子孫近き頃に至りて露顕したることあり。洞穴に住居たり。おのれも其

1 「和蘭人……な咎め給ひそ」まで、異本に欠ける場合多し
* (蘭) Wraaggierig（復讐心のある）と小見出しあり。
2 殲（みなごろし）。
3 厲（はげ）しき
4 「僻」(異)

名家の後たる事を知らず、霊明の心は全く失ひて人に類せず、却て猩々の類に近かりしとぞ。

右の話は肥後の五[1]家のことをいへるにも似たり。

一[*] 日本の地自然に堅固にして今に至る迄外寇の恐るべきもの極て鮮し。希には犯し襲れしかど、いまだ曾て敵国に利ありしことなし。されば是勇猛無敵の俗民、唯其固有の主君に事ふるの外、いまだ曾て他の命令を聴くことなし。千年計前なる　桓[2]武の御宇に当て、大[3]韃靼の無[4]庭より大軍を挙て頻に日本の」(21オ) 浦に打寄たり 検夫尓自註曰、韃靼を無庭といへるは、固より其地の広大なるをいへるものなり。厄勒祭亜文に ἀπὸ τοῦ ταρτάρου とあるも此をいへり。然るを或は一箇の川のことによりて然いへりと想へるは誤れり。訳者曰羅媽の代の以前を厄勒祭亜の代といふ、厄勒祭亜語は其頃の雅語たり。羅媽以来の羅甸語の如し。是故に古音を論ずるもの多く厄勒祭亜文を引り。其文稍和蘭文に類すれども固より予が輩の得て読む所に非ず 攻撃甚火急にして、敵軍はやくも陸地を取て基としける程に、日本人もこれを退治すること甚難かりけり。其故は彼等毎々挑戦して屢々敗軍し、其勢是によりて大小衰減せしかど[5]も、韃靼より日を追て新軍を贈[6]り備へて勢を助ける程に、終に五[7]十年の久きに堪て、猶も日本の地に居て動ざりけり。然るに七百九十九年 延暦十八年 国の

1 秘境として名高い五家荘（ごかのしょう）（五家庄、熊本県八代市東部）。

＊ ㊎蘭 Onwinbaar（難攻不落、無敵である）と小見出しあり。

2 桓武天皇（在位七八一〜八〇五）ゆえ欠字とする。

3 ㊎蘭 Groot Tartayen.

4 ㊎蘭 Afgrond（底無しの淵）とあり、あるいは「無底」の誤写か。註文のギリシャ文字も無限の広がりをもつ黄泉の国タルタロスを引き合いに出している。

5 先に指摘した㊎異の落丁はここ（……衰減せし）まで。

6 「送（おく）り」の宛字か。日本語には本来区別なし。

7 ㊎蘭 vyftien jaaren.「十五年」が正しい。

守護神の威力冥加と日本軍の鋭気勢力と一斉に起張[1]して、終に彼等を抜き滅したり。如何とならば日本の史に記して曰、「クワンノン」(21ウ) 検夫尓自註曰、クワン[2]ヲンともいへり。日本なる大神の一にして多手の像あり。訳者曰ク観音をいへり 暴風雨の夜に当て、其許多の手 検夫尓自註曰ク是其通力に象る を以て敵の水軍を沈溺[3]せしむ。その翌日に神の選て本国を救しむなる日本大将田村麿、進み攻るに至りて敵軍元より周章[4]し、力を落し居たる折なれば、前には幸事[5]の望べきなく、後には引退べき頼もなく、田村麿全き捷を得ける程に、一人も生て国に帰りて、斯る大敗軍の不幸なる音信を、其人に伝へ告べきものだになかりけり。第二[6]廻は、後宇多の日本に帝たりし時、千二百八十一年 弘安四年 再ビ斯の如くなることありき。韃靼の君世祖、此時既に支那を取り、又其大将モーコ 蒙古のことにて謬れるか是は万将軍が事ならん が議[7]を用て日本を滅して、其既に得たる所の大邦に兼併」(22オ) せんと欲す。是によりて即チかの大将に、大船四十艘、軍士貳十四万を授て遣しけり 検夫尓自註曰、支那の記者は唯十万なりといへり。然るに日本の浦に来にければ風暴の厲[8]しきにあひて、是強大無敵の軍船および船中なりし軍士、悉く打砕かれて失ぬ。是より前、日本いまだ曾て然く強く攻られたることはあらず。又是より後とても、日本人の戦ひ勝て歓喜すべきこと、是強大なる二寇の敗続せしにしく程

1 「起張（きちょう）」は造語か。立ちあがること。「蜂起」などの類語からか。

2 「クワンノン」は当時の上方語ではクワンオン。通詞の教示か。㊪ Quanwoni. 巻末の参考図版17を参照。

3 沈溺（ちんでき）。造語か、意図的借用か。本来は溺レルの意のみ（他に病名としてある）。沈没と溺死の合成であろう。

4 周章を動詞として用いる。アワテルである。

5 幸事（こうじ）。造語か。「好事」に同じか。

6 ㊑には「二回」とある。

7 「議」は「義」が正当。他所も同じ用法。

8 厲（はげ）しき。前例参照。

のことはあるべからず。凡ソ日本人其大概をいはゞ、戦場に在て謹審、勇敢、謀略虧る所なく、軍法に在て次序乱るゝことなく、将帥の命を聴に於て悦び進みて其宜を失ふことなし。是等の事我既に信受[1]し、人にも知しめんと欲する所」（22ウ）にして、後世に至らば自然に天下に明白なるべき所なり。されば日本人をば畏れ重ずべきことなるべし。国家太平を受るの久しき、静謐を得るの甚しき、今の時の如なるも、他の諸国の多くは是によりて懶惰、怠慢、解弛[2]、遅重[3]の弊を生じて、漸にして転じて怯懦の風俗となるべきの恐あるの類にはあるべからず。其故は其人常に高名なる古人の大功美勲のことを服膺して、戦場に勇むの烈しき志、および名誉を好むの懇なる心を養育すること甚ダ親切[4]なり。其子を育するにも、剛と勇とを以て第一なる重き教訓として力を尽して幼心に銘刻するを以て心とせりと見へたり。されば孩提[5]の児号泣するときは、父母毎に軍曲（義飜なり謡曲をいへるか）を歌て」（23オ）是を靖[6]む。在学の童児書読を学ぶにも殆ト他の書を雑[7]へず、勝れたる勇士または其豪傑なりとし、央勇[8]なりとする所の、自殺を事とせし輩の遺言（義経含状の類か）および其事跡のみにあり。是術を以て童子幼稚の時よりして剛心勇気および賤生[9]の心あらしめんと要する

1　造語か。信頼して受容する、の合成か。

2　解弛（かいし）。だらける、心がゆるむ。

3　遅重（ちじゅう）。造語か。遅鈍・鈍重に同じ。

4　親身になってことに当る。本来の意。

5　孩提（がいてい）。二、三歳の幼児をいう。

6　「靖」はシズメル、ヤワラゲルこと。「靖（しず）む」㊫

7　雑（まじ）へず。

8　「英勇」の誤写。「勇士」㊫

9　賤生（せんせい）。㊫に「いけるをいやしむ」と左に傍訓。名ヲ重ンジルコトである。

もの也。長者集会するときは、多は古人武功のことを談ずるを以て第一とし、史冊の記する所を語りて委曲の微なるに至り、然もまたみづから是が為に感慨するに堪へず、豈唯に然るのみならん。令[1]聞名誉の嗜[2]好に酔ふこと、酒を以するよりも甚し。是によりて国の格式にて山の頂に火を燃すことあり。是は国家を驚す程の危急に及ぶか、或は帝より諸侯に」(23ウ)命じて、即時に部下の士卒を致すの時ならでは曾てなきことなり。斯の如きの火を見れば諸人群参して記録せられんことを欲し、各ゞ武器を携ておのが陣所を知らんと欲するの急なるに堪へず、彼此互に追ひ過て聴[3]命に第一たらむことを欲す。しかのみならず成名を好むの急なる、戦闘に勇むの烈しき、みづから好みて危殆最大の地に当らんことを欲して、寧ロこの急烈[4]の心によりて時に或は其身の不利となりて、大に讃美せられざることを致すとも願て其命を受んことを望めり。日本人また兵器の宜しきに乏しからず。遠く戦ふには弓あり鳥銃[5]あり。手と手と相交り戦ふには鎗と刀とを用ふ。別て其刀の鋭利なること、一刀にして」(24オ)人躰を両断となすに堪たり。[6]上作上鍜なるを以て是を異国人に売り、または国外に贈[7]ふことを禁ずる事既に久し。売者は磔刑たり、此に与れる

1 令聞（れいぶん）。よい評判。
2 嗜好（しこう）。本来は一歩下ったこらえる態度をいう。
3 公的命令、お触れ。
4 造語か。きわめて急なこと。
5 テッポウの一般的表記。
6 「上」は秀れているの意。
7 誤写か。「贈る」(異)

諸人は死刑なり。

右は我国の武備をいへり。検夫尓以来既に百年余になりぬれば、我国の風俗、其頃と今と同異如何がありなん。室鳩巣の駿台雑話[1]にも是等の評あり。

一* 日本人よく勤励し又よく艱難に習へり。鮮少[2]を得て足れりとす。賤者は諸草、諸根、亀鼈[3]、螺蚌および海草の類を以て生を養へり。裸頭跣足にして歩行す。水を以て常の飲とす。襯衣[4]を着することなし。頭を置に柔かなる長枕なく平面に寐て、長枕の代に」(24ウ)小断[5]または木笥[6]の中の微く窪れるが上に其頭を置り。又よく終夜寐ることなくして有ゆる艱難に堪ふ。さはありながら、其人大に礼儀作法を悦て極て其身を浄くし、衣服を純粋[7]にし家屋を精密[8]にす。

賤者なればとて水のみを飲にもあらず。又襯衣を着ざる者のみにもあらねど、是等も彼方に比較して言るものならん。

1 『駿台雑話』、武士道精神を鼓吹の随筆。仁・義・礼・智・信の人倫の道を説く五巻、一七三二年成立。なお(異)はここまでを巻上とする。

* (蘭) Arbeidsaam en tot ongemak gewoon（勤勉かつ辛苦に慣れている）と小見出しあり。

2 鮮少。僅少に同じ、すくないこと。

3 亀鼈、螺蚌。かめ、すっぽん、はまぐりの類。

4 「襯衣」(異)／一般には「はだぎ」と読む。

5 「小断」(異)

6 「木笥」(異)（「キバコ」と左傍訓あり）

7 清潔にすること。

8 整理整頓しているさま。本来の意味でなく翻訳上の造語に近い。

一　日本人をば怯懦なる支那人の後たりと想はんは、実にそれ理に当ざること遠し。我自讃すらくは、以前なりける遊行家の中なるもの丶説を固執せずして、努て是国俗[1]の根源を尋ね知んと欲せん人にしあらば、直に我謂ふ所に帰服[2]してよ。」(25オ) 是俗は却てこれ韃靼の性質より出て、文華と礼儀とによりて大に都雅なるに至れるものなり。其気象に韃靼人の威烈猛悍と支那人の恬淡穏和と相合せたる所あり。

検夫尓[3]別に其論ありて我国人の根源を種々に穿鑿すれども、分明ならざるが故に強て韃靼種[4]ならんといへり。検夫尓さすが戎人なれば、我国の実に神明の後たることを、信ずること能ざるも咎むべきにあらじ。

一* 従来件々挙る所の許多[5]の大奇特は有ながらも、若シ其境内に於て一切和平安穏にして、遂生[6]満足するに虧[7]る所のものありせば、日本人の其力を尽し、其勇を尽して国を守りて」(25ウ) 外襲を防がんと欲し、又は土

1　国民的性格、精神構造といった意。

2　帰服（きふく）。一般には帰順、心から従う意。ここは十分納得せよ、の意で、一種の造語的用法。

3　『日本誌』第二巻（日本の歴史を扱う）をさすか。呉秀三訳〈日本人の本源に就きて〉参照。

4　「韃靼ノ種」の略示。「韃靼」(異)

*　(蘭) §.3（第三章）、また De Japoneesers hebben geen koophandel nodig met vreemdelingen（日本人は異国人との通商を欲せず）と小見出しあり。

5　許多（あまた）

6　遂生（すいせい）。造語か。人生を全うすること

7　虧る（かける）

着して異俗と通交せざらむことを欲するも、もとより皆徒なる計策ならまし。

一　鎖国より以来、造化[1]の良師かれに其術を教へ、かれも亦覚知し、大に其土地所生のものを喜てこれを以て堪ふべしとて、異国人生計の具を運来するを無用なりとす。凡そ是国の福境[2]なることを熟察[3]せんと思はんものは今我こゝに言る所の信実[4]なることを知ん。まづ第一に地方勝れて中正なり。其利たること寡からず。南国の如きの熱日に晒されず、又北国極寒の凝凍[5]もなし。元より言ふに及ざることながら、諸国土の肥沃にして嘉すべく楽べき[6]は、北緯三十度と四十度との間にあるにしくはなし。人或は実に非難すること」(26オ)ありていはん。日本は嶮岨多石の地にして峻峯高山の周環多し。若抜群の用心勤労を以せざりせば、多くはこれ嶮岨の所のみならんと。然いふべけれど其事に在ても造化また是国に施すに、勝れて寛良[7]の徳を以せり。此は是れ土地の難なり。耕種[8]の難なり。此難即ﾁ土人のよく労しよく勤るの、大に讃美すべきの気象を起すものなり。されば本来は肥沃なるべき地方なるが故に、如何なる微小の丘た

1 (蘭)natuur.／自然というよき教師。
2 造語か。幸福に充ちた土地。
3 造語か。じっくりと考察すること。
4 「真実」と同じか。信頼できる事実の意をこめるか。
5 凝凍（ぎょうとう）。造語か。凝結、凍結の合成か。
6 楽（たのしむ）べきは
7 造語か。寛容で良識のあること。
8 「耕植」に同じ。種をまき作物を植え育てること。

りとも、如何なる高き山たりとも、是に耕種するに豊に出産[1]してよく努力する農夫の、これが為に経る所の辛労用心、および其勤苦を報賞[2]せずといふことなし。しかのみならず凶瘦[3]至極の地、殆ト少許の耕種を容るに堪ざるも亦全く」(26ウ)不用なりとせず。其民衆多にして且また懶惰を悪むこと斯の如し。其上しかく狭小なる国界の内に於て、若くは海、若くは陸の所在の許多の産物を以て其用を達して、唯に生命を保つの為のみにあらず、便利歓娯に備ふべからしむるの術を知れり。かれが食机の上を見るに兎ざま角ざまに調和して、諸物殆ド供へずといふものなし。他俗に在て悪む所のもの、彼に在て多くは大小美膳[4]の分となれり。其林中、山中、沢中、荒中、諸根、諸草を産して侈奢の為にも用べく、または食机[5]を飾るべし。海よりは有情、非情の諸物、蝦、蟹、螺蚌、鮹鰂[6]および諸海草の類を出して、皆よく調進すべからしむ。魚中或は毒あるものも喰ふことを」(27オ)妨ず（よく製して其毒を去が故也）。これ造化此俗に処するに、空く寛活を以するに非して、かれが身体をして励勤するに宜しく、頭脳をして穎*〈○敏発明するに宜からしむるものなり。土地嶮瘦[7]にして耕〉(朱)種するに難きはかれが勤励の道を修すべき便宜を虧ざる所以にして、其勤励

1 生産の意。一種の造語か。
2 「報償」とも異なり、「褒賞」、ほうびの意。
3 造語か。きわめて荒れた土地をさす。
4 よい御馳走のこと。造語か。
5 食机（しょっき）。造語か。食卓のこと。
6 (異)は「鮹鰂（いか）」と読む。また『日本誌』（XII図）にも「鮹鰂 Ika」とみえる。ただしここは原語 Holothuria（海鼠（なまこ））とあり、「博物学者のいう」ともあって、イカの訳は不詳。
* 〈○敏発明……耕〉は○印で挿入文の形、写し忘れた部分ゆえ補ったか。(異)に同文あり。
7 嶮瘦（けんそう）。「嶮磽（けんこう）」(異)／意味は同じ。けわしくやせた土地のこと。

に代て懶惰〈朱〉、痴重[1]、遅緩に随落[2]すること、かの煖帯[3]中なる黒色の土人が自然生の草木を頼て其生命を保て、此によりて大に懶隨不勤を専とすること、殆ド禽獣に異らざるが如なることなからしめんが為なり。更にまた人の非議[4]すべきは、土人其境内にのみあること獄内の如くにして、隣国と通商通交することを禁じ、又其全地分裂して殆ド無数の嶋嶼たり。是其国の猶も不幸なるなりと然いはめど」（27ウ）是また却て造化寛良の徳を知べきの殊なる証拠なり。是許多種ゝの嶋嶼の其全国に於るは、譬へば種ゝの方域の全世界にあるが如し。土地[*]に随ひ所在に随ひて、種ゝ肝要のものを出産[5]して人生[6]の用たり。其彼此各州、彼此各嶋の産物、殆ド全国に供するに足ざるものなし。奥州、佐渡、シリガ（駿河ならん）、薩摩ニ金あり、キタマイ（北前といふことか）、ベンゴ（備後ならん）に銀あり。シリガ（全上）、アチンガノ[7]（解せず）、紀の国に銅あり、豊後に鉛あり、備中に鉄あり、筑前石炭[8]を供し、オノ（解せず）木炭[9]を供す。硫黄が嶋の火山夥しく硫黄を出す。其他所ゝ地を穿て取べし。肥前に一種の白堊ありて有ゆる磁器を製す。土佐、オハラ（小原をいへりや）、安芸より多く薪[10]を」（28オ）出し、ナガタ（長門のことか）牛を産し、奥州、薩摩馬を産す。加賀米穀豊饒なり。筑前に栗多し。若狭に柿（柿蘭語にヘイケ゜[11]といへり、ヘイケ゜実は優曇鉢のことなれども、今柿と訳すること

1 先の「遅重」（四一頁）と同じ意。
2 「堕落」㊮
3 煖帯（だんたい）。今は「暖帯」と書く。
4 造語か。非難し議論するの合成か。
* （蘭）Een vruchtbaar Land（実り多き土地）の小見出しあり。
5 ここは産出の意か。
6 世間、世の中の意。
7 （蘭）Atsingano／越後のこと。
8 石炭（いしずみ）。㊮は「石灰（いしばい）」と誤写。
9 木炭（きずみ）。
10 （蘭）hout／木材のことか。また木片で「薪」も可であろう。
11 （蘭）vygen（複数形）、vyg は無花果（イチジク）のこと。

習あり　および其余の菓多し。隠岐の海浜、螺蚌を生ずること夥しきこと他に越たり。ニシヤマ（西山か、何の国の地名なりや）海草および海庭[1]の産物多し。凡ッ全国の海浜、種〻の魚類を生ずること饒多にして国用となる。是等の外、有ゆる諸穀、諸蓏[2]の類の、夥しく諸州に生ずるもの、及び其他許多の貨物[3]の器械、衣服となるものは毎挙するに遑あらず。真珠は大村の海湾[4]にあり、龍涎[5]は琉球の浦、薩摩州および紀の国にあり、水晶、貴石の類は津軽にあり。又其国中の山〻谷〻[6]および高低諸地多く、万国諸方に生ずる所の」(28ウ)種〻の草木を生ずるが故に、医薬を求んが為に外国に出すことを須[7]ひず。扨また百工の器物をいはゞ、修飾[8]となく有用となく其物に乏からず。又力勤に乏からず。豈唯に能者を外国より呼来すことを待ざるのみならん。神妙精功[9]他の諸俗に超絶せり。殊に金銀仮鍮および銅に於て勝たり。又生鉄強鉄[10]何れも用巧鍛煉の術を得たることは、其武具の奇麗好良なるにて知ぬべし。諸像、諸板を彫刻し、および赤銅を金色にするの巧妙敏速なること、東方諸国の及ざる所なり。赤銅[11]といふは殊なる金なり。其色黒に近くして貴きものなり。銅に黄金少許を交て術ありて製す。凡ッこれを以て作れる器物」(29オ)其初工師の手より出たる時の如きは全

1 「海底」㊢

2 諸蓏（しょか）

3 「貨物」は品物（dingen）の意。また「器械」は手技といった意。ここは原文では「手技や衣服の織物に有益である他の多くの品物もまたあり」といった意。「毎挙するに遑あらず」はやや誇張した表現の訳文と思われる。また毎挙は㊢で「枚挙」と正しいが、本書は「毎挙」を専用している。

4 「海湾に生じ」㊢

5 龍涎（りゅうせん）

6 「又其国山中の谷々」㊢

7 須（もち）ひず

8 家庭内での置物の類をさすのであろう。

9 「精巧」が好ましい。

10 ㊢は「強絶（がうぜつ）」と誤刻。

11 「赤銅……貴きものなり」この一文㊢になし。

く黄金の如く、其色其美黄金に劣る所、実に庶幾[1]し。又絹を織ること精[2]なり妙なり滑なり。支那人といへども擬すること能はず。朝廷の大臣事に坐せられて、一箇の嶋に放されて他事を営まず、彼此貴重なる巧をなして時日を送り、鬱[3]懐を慰するもの、多くは織絹を翫ぶを以て常とす。又其酒をサツキと名く。粱[4]米を以て醸す。支那のよりは大に強味にして勝れり（酒の蘭語はビール、麦を以て製す）。食を調ふることも支那人に越たり。其他所生の芳草を用てこれを和す。其紙楮皮を以て製す。支那人の竹または綿を以てする所のものよりは、堅勁にして色白し（欧羅巴人こそ」(29ウ)綿を以て紙を製すれ、支那も又然りや。）人家修飾の漆器を見るに、其美なること実に驚に堪たり。支那人、東京[5]人が用心勤厉を尽せるも、未ダ曾て其漆を調製し、およびこれを塗るの巧妙通敏なるに及こと能はず。かの暹羅人の如きは国中に漆樹充満せれども、大に懶惰徒生を専にして漆に於て求め望む所なし。爰[6]に又知るべきは日本百工の種〻許多の器械、産物、全く人生日用なるも、または唯に侈[7]奢華美に用るも、其国の諸州に在て其品同からず其価一ならず。[＊]是を以て分地諸州の通商の大なること、言語も及び難し。嗚呼全国所在の商賈、如何ばかりか熱[8]鬧ならん。如何ばかりか勤[9]力すらん。其浦〻に如何ばか

1 庶幾（ちか）し
2 セイと読む。こうした一字漢字の音読表現は、本書、志筑の翻訳スタイルの特徴と思われる。
3 鬱懐（うつかい）。造語か。うれいを懐くの意であろう。
4 粱米（りょうまい）。良質の米の意。
5 東京人（トンキン）。トンキンはヨーロッパ人によるヴェトナム北部の呼称。その住人を東京人という。
6 爰（ここ）に
7 侈奢（ししゃ）。「奢侈」が一般的。
＊ ㊑ Koophandel（通商、交易）と小見出しあり。
8 熱鬧（ねっとう）。「鬧熱」でも用いる。騒がしいほど人々が多く集っているさま。
9 勤力（きんりょく）。造語か。心をひきしめて精を出す。

りか有らん[1]。諸海の浜、」(30オ)諸港の辺、人民衆多にして櫓を取り帆を揚るの諠[2]き、大小諸船の繁多なる、或は所務の為にし、或は閑遊の為にす。されば国中の人、尽く海辺に居住して陸路の方は全く廃て空虚なるかと疑ふに堪たり。但し其船の製を見るに甚殊[3]なる所あり。形状の異様〻なるが中に、国法の厳なるによりて上面皆開きたるにぞありける（蓄船は上を密く閉て、穴ありて底に通ず、其穴にも蓋あり）第廿一[4]の図見よ。是は日本の浦を遠離せしめざらんが為なり。如何とならば、敢て遙に大洋に出んとせば船に水入て必ズ没溺せざること能はじ。

一*　爰に於て進て日本人の学術琢磨の事を案るに、恐くは知者以て不足なりとせん。日本人元よりかの大に学術を悪て、是を」(30ウ)修する者をば国より追放する徒の類にはあらねども（此に言ふ所は何国の事なりや未考）唯にこれを玩娯[5]の具とし、蟄居の隠士閑暇にして他の営[6]すくなき者、これを以て其鬱懐を解に宜とす。然といへども此はこれ多くは窮[7]理科の上のことなり。徳[8]行科の如きは大に尊重し、上天に根拠せりとす。此はかの無雙の智士、孔子の恩沢によれりとす。孔子は我欧羅巴人の所謂コンヒ[9]ユテ」ユース是な

1　〔異〕では（いかばかり）「の船舫か充満すらん所々冨饒交易の城下如何ばかり」（か有らん）、とあり。

2　諠（かまびすし）き。さわがしいさま。

3　一字で「殊（しゅ）なる」と読む。特殊という意。

4　巻末の参考図版8を参照。

*　〔蘭〕Wetenschappen（当時「窮理学（科）」と訳す。英語、Sciences）と小見出しあり。

5　玩娯（がんご）。造語か。もてあそぶの意。

6　営（いとなみ）すくなき者

7　窮理科（きゅうりか）。究理科とも。哲学や科学の区別なく、物事の根源を究明する学問ということ。

8　徳行科（とくこう）。倫理、道徳を学ぶ学問。

9　〔蘭〕Confutius

り。ソコラテス[1]（古人の名）は孔子に後る、こと百年ばかりなり（其生厄勒祭亜開国よりは又百年ばかり前にあり）厄勒祭亜（ゲロシヤ）[2]人思へらく、是人初て直に上天の啓発を受て道を人倫に弘通せりと。孔子の学大概かのソコラテスの学と相同じ。我思ふに日本人、音楽の事に在て全く不能なり。此はこれ音声符合の格を[3]」（31オ）基として立るの術なるをや（検夫尓我国の雅楽を聞ざりしか）。又審定の学[4]（義訳なり、原文ウイスキユンデといへり、窮理に属す、天学、地理、音律、算術の類、皆審定の部なり、他学は是非一決せざること多し、此学は然らず、是故に審定と名く）を知ず。別ては深奥を尋るの術に疎し。凡ッ他俗はいまだ曾て此学を修して探索進達し、象数審定微妙の光輝、および議論講明を以て其智を荘厳することを好むこと、我欧羅巴人にしくものあらず。此はこれ天を知り、天を信ずるの術にして、悟道安心の助となるものなるをや。又其人極重刑を示して禁ずらく、祖先の教法を棄てかの所謂天主化して人となり、衆生済度の為に磔死の辱を受たりといふなる、新にして奇怪なる教法を奉ることを禁ず。今ははや百年」（31ウ）ばかりになりぬ。吉利支丹の教法、この東極[5]の地にありて全盛なりしが、幾程なくて滅亡し、是が為に殉死せしもの数を知らず。是即チかのさしも願心勇猛なりし法師[6]等が過悪[7]よりぞ起れりける。我思ふに、若しかの耶蘇氏等、其基本のいまだ固からぬを頼とせず、自己の用心規模の大過せ

1 ㊭ Socrates
2 「厄勒祭亜（ギリシヤ）」㊮
3 いわゆる「楽典」を基準にのべているか。
4 註文のウイスキユンデ wiskunde の訳（原語は wiskunst）。kunde, kunst ともに学、術の意の接尾辞。英語、mathematics（数学）で対訳する。
5 「極東」に同じ。
6 宣教師のこと。
7 過悪（かあく）。あやまちの意。

るに任せずして勤たりせば、殆吉利支丹の信心弘通[1]して、終にはかれが本国より其勤労[2]の報賞をも得るに至らましを[3]、纔に少〳〵自得する所あれば、はや其事の幸を求むるの急なるに堪へず、風俗変化の成功の速かならんことを貪りて、毎〻他事を雑へて、其為に渡来せしめられたる極意[4]に比れば、天地懸隔の異あることをさへに勉ける程に、纔に」(32オ)微く成し得たる所ありと見へける間に、みづから其禍を招き致して、大に其謀計の本意を失ひけり。凡肖像家（今の仏者の類をいへり）は、其国家の治に於て害ありとだにせざれば、何れの教法をも悪まず、又は異教の説法者を容ることをも悪ざるものなり。本より日本人をば無仏教の徒とは思ふべからず。其国許多の教法ありて大に其神仏を尊重し、是に奉事するの法も一様ならず。我決定していはん。日本人の善を勉め行を潔くし、および仏神に事ふる外儀の務、何れも吉利支丹等が及ぶ所にあらず。魂魄安楽の事に在て心を用ること大なり。別てよく罪業を懺悔し、殊に未来の福を願ふ、豈また教を異国に受ることを待ん。」(32ウ) *又日本医術の事、外科よりは内科に巧なり。其外科又よく欧羅巴の流をも用ふ。然れども医者は治術を施すこと多端ならず。外服[5]するには火[6]と鍼との二なり。是二者功

1 弘通。広がること。通例仏法についていう。

2 ここは「ほねおり」の意。

3 「まし」は現在の事実に反する仮想を示す助動詞。他にもみえるが、志筑はこうした古語も宣長批判をするほど勉強していた。

4 極意。日本的用法の、俗の「奥の手」の意か。

* ㊔ Genees en Heelkunst（外科と内科術）の小見出しあり。

5 「外科」㊫／ここは（体の）内でなく外から治療する意であろう。

6 ㊔ vuur en de naalde（火と針）とあるが、前者は「灸」(moxacautery）のことであろう。巻末の参考図版15・16を参照。

力甚大なりとす。病根を滞塞[1]と名け、滞塞して痛をなす者を風[2]と名く。二者よく病根を追ひ出し、風をして其牢檻を脱出すべきの通路を得せしむとなり。其数〻日〻の湯浴は純粋奉神の一道とし、且は天性の清浄を好めるに任せて大にこれに心酔す。然も又よく是を以て壮健を保ちて、土人の免れ難き所の許多の疾病を除く。其功力大なり。日浴の外、又其地に善良[3]なる温泉あり。緩慢の疾、憂愁の症なる病人をば此所に遣はす。其事我国に」(33オ)同じ。

コンヒ」ユテ」ユースの事、惣て和蘭人の書るものを見るに、豊後をビユンゴと書き、薩摩をサテユマと書の類多ければ実はコンフツースなるべし。又右人の名にソコラテス又はドヾノイス[4]又はプリニ」ユース[5]など、多く末にスもじを添ることあり。然ればコンフツースは、孔夫子の華音コンフウツウの訛ならん。往年我国の人を迷せし耶蘇の事は、更に詳に本論の末ニ見ゆ。ソコラテスの教は羅媽帝の羅媽よりコンスタンチノペルに迁都ありつる比までは用られたり。帝も是道をば最も惜まれけれ共、吉利支丹の徒の進めによりて是非なく

1 滞塞（たいそく）。とどこおるものの意。

2 風（ふう）。㊕はカゼと読む。「中風・痛風」などの風と同じで漢方用法であろう。

3 「よく病にきく」といった意で用いているのであろう。

4 R. Dodoneus (1517-1585). ドドネウスで紹介される西洋本草学の雄。その著、『草木譜』は松平定信の命で旧長崎通詞などが翻訳した。

5 Gaius Plinius Secundus (1517-1585). ローマの将軍、政治家、『博物誌』の大著がある。

是をも追出しつといへり。然れば世に行」(33ウ)たること、七百余年の間なりと聞ゆ。

一* 爰に至りて又論ずべきことあり。恐くは或は言ふことあらん。日本人刑法裁断の事を熟知せずと。然いふべけれど、我を以て観れば我欧羅巴人もまた不能なること彼に同じ。如何とならば、然く有用の術なるものを其過[1]あるによりて当赦[2]の非罪[3]にして、却て重を加う（ラ（朱））る〻こと屢〻なり。凡ソ日本のみならず東方の諸国には、裁断を受るの捷径あり。彼地に在ては我如く争訟多年なることを待ず。致書、答書および催促の類多きことを須ず（両党の書皆官吏に出ダす催促は官吏に裁断の速ならんことを請といへり）直に其事を廳所[4]に致して両党の言聞れ、証拠を糺明せられ、委曲を計較せられ、時日を廻らさずして決」(34オ)断に至る。然もまた大廳[5]に召る〻の畏なし。如何とならば彼地に在ては、小廳[6]といへども其既に議定出言せし所をば、大廳これを改むることを能ざるが故なり。斯の如き裁断の簡法、格外の事に当ては、過失あることを免れじといはゞ否とは言ひ難かるべけれど、我また敢ていはん。大概是等の法、これを欧羅巴の裁断遅緩にして費用多して、大に困倦[7]す

* (蘭) Rechten（刑法・法律）の小見出しあり。

1 過(あやまち)あるによりて

2 当赦(とうしゃ)。(異)に「ユルスベキ」と左傍訓あり。「当座の赦免」を「当赦」と造語か。

3 非罪(ひざい)。(異)に「ツミニアラザル」と左傍訓あり。造語か。

4 廳所(ちょうしょ)。(異)に「ヤクショ」の左傍訓あり。

5 国家の中心的な役所。「小廳」に対する。(異)に「コウギ」の左傍訓あり。

6 地方機関。(異)に「コヤクショ」と左傍訓あり。

7 困倦(こんけん)。すっかりつかれる。(異)は「倦」は「倦」に同じ。「困倦」で「クルシミウム」の左傍訓あり。

べきに比すれば、其損をなすこと両党に在て何も小なり。欧羅巴の如きは輒[1]すれば事の廳所ニ留滞するの限も知られず欺詐[2]の多き、延引の重れる致書[3]の屢なる、其他百尓[4]の奸智を用ること人誰か知ざらん（此は奸党の所為をいへり、然も是が為に遅緩なるは官の所為なり、奸党亦其損を受ク）。諸難渋の事漸ク退き去るに至りては、又大」(34ウ)廳の召に応じて引れ出るの外、更に何の好事[5]かある。此に至りて再び其事を反復し、党類皆新に糺明せらる。難渋の事、憂悶の心、および諸費随て増長す。是所謂雨[6]を避て却て嶮塹[7]に掐るの類なるべし。然といへども、日本人に在て全く刑法なしとは思ふべからず。其国刑法則令殊に勝れて、且また是を守ること緊密にして違ふことなく、小犯といへどもそれが為に重刑を設たり。然らずは如何でかよくかゝる順達[8]衆庶の地として、斯の如きの繁栄の体を維持せしめて、かの豪俊勇烈の民、其性又変化常なきこと、其辺海の風暴屢ゝにして不穏なるに劣らざるものゝ、蜂起反逆の心を畏」(35オ)伏せしむることを得ん。猶右の刑法の事および鎖国以来の多福なること、何れも今我が読者をして日本人何が故にか鎖国の義を決定し、又如何してか鎖国の事を成就しつるといふことを、知しめんが為に著す所の左の所[9](謂)（記（朱））の中於て明かならん。

1　輒（やや）すれば
2　欺詐（ぎそ）。(異)も「ぎそ」とよみ、「イツハリ」の左傍訓あり。
3　致書（ちしょ）。公的職務上の書類。ここは裁判に関して役所に提出する書類。「致」はオサメル、オクリトドケルの意。
4　百尓（ひゃくじ）。「諸事」に同じ。(異)に「オホク」の左傍訓あり。
5　有益なこと。
6　一方を避けても一方に落ちてしまう意。譬喩。
7　嶮塹（けんざん）。要害の濠（ほり）など。また「掐」は陥に同じ。
8　ことがよく伝達される。
9　「記する所の中」と読む。「……中に於て」(異)

欧羅巴にてはレクトキユンデ[1]（此は和蘭語なり）とて刑法の学問あり。此方にてはさる事なきが故に、欧羅巴の目より見て刑法に疎く、又は刑法なしとも思はんかと思ひて、検夫尓右の如く言るものなり。欧羅巴刑法の事は彼方にて明かなる事なる故、右の一段に於て其言稍略せり。予は亦他書に考へて註しつ。」（35ウ）

1 Rechtskunde. 法律学の意。kunde（キユンデ）は学術の意の接尾辞。

鎖国論下

極西　検夫尓著

一* 初メ日本人の韃[1]より来りし砌は、必ズ数百年の間、困苦のみぞ多かりけらし。国中の諸州に分散して、多は海辺に寄る所の魚類を以て其生を養ひたるならん（検夫尓本より我国の人は韃靼より分レ来れりと思へり）。神武帝思慮謹慎、容貌高貴なる君ニして、大概ロミ」ユリ」ユス[2]（欧羅巴羅媽城を建立せし王）と同時なりけるが、始て日本の国基を立たまひけり（辞の恭きは訳者の意に出たり）。故に是国の年暦此に肇[3]れり。其以前は国権如何なる人の手に在しか。当時の人懈怠にして、其事および開国以前の値偶見聞せし所の事」（36オ）をも全記[4]ざりしが故に、今其史記に在て一も考ふる所なければ実に知人なし。**日本最初の諸帝治国の頃は、上世の習にて世界の中たゞ此国のみ人民居住の地なりとして、極て親睦多福なりけらし。

▼以下数丁書き手が別人となる。「46オ」から再びもとの写し手に戻る。

* （蘭）§.4（第四章）、また Hoe de opsluyting van het Ryk van Japan is uytgevoert（日本帝国の鎖国はどのようになしとげられたのか）と小見出しあり。

1 （異）は「韃靼（だったん）」とある。（蘭）Daats of Tartaryen とあるので、「韃」とも「韃靼」ともいえる。

2 Romulus（B.C. 771-717）、ロムルスとも。ローマ建国（前七五三年）の伝説的人物。神武天皇の即位は前六六〇年とされ、両者にはやや開きがある。

3 「始れり」（異）

4 全記（まったくきせ）ざりし

** （蘭）Eerste Keyzers van Japan, gelyk Pausen（教皇（ポープ）に類似せる日本最初の帝たち）と小見出しあり。

一　[1]天照大神の嫡々相承の正統、神孫名流なるを以、高邁にしてみづから[2]神明に[3]肖り、これを扶るに広大荘厳を以して、群下をして尊敬して[4]人倫の類に非とするの心を生しむ。然るに此事後世に至りて、遂に国事開通、国体静謐の治道に於て大なる[5]弊となりぬ。如何とならば、か丶る神聖絶倫の名誉ある帝王なれば、其群下恭礼の」（36ウ）衆を御すること、宜しく温柔寛裕のみを以し給はざること[6]能ばし。既に神明に於て至近の一族として、又尊敬を受ること神明の如なる御身にして、世事、民事の統御を自己の御手にかけ給はんは、其位に較れば卑下なる業ともいふべければ、是等は宜しく世間の人に委任し給ふべきの道理なるべし。是等の故により、または後世の[7]流弊増長によりて貴族の威勢盛になりて、帝に奉事すべきの務を棄擲し、諸侯妄りに帝王所任の州都を取て自立して最上の君となるのみならず、猶[8]有為の心を[9]縦にし、[10]別て武器製作発明の後に至り」（37オ）ては、彼此各々力を以て互に所領の地より追出さんとする。其流弊後患如何ばかりのこと丶せん。是[11]内乱にか丶りて[12]生命を失ざるもの幾何かはありし。名族滅亡せざる者幾何かはありし。仇をなし讐を復

1　(蘭)Tendsio Dai Dsin（テンジョウダイジン）／(異)は「あまてらすおほんかみ」と傍訓。
2　神明（しんめい）。神のこと。日本では特に天照大神をさしていう。
3　肖り（かたど）
4　いわゆる「現人神」ということ。
5　弊害のこと。志筑の表現スタイルである。
6　「能はじ」の濁点の誤り。
7　流弊（りゅうへい）。世間に広がっている悪いならわし。
8　「有為（うい）」の心。仏教語の用法で、浅慮、あさはかな気持。
9　縦（ほしいまま）にし、別（わけ）て。
10　種子島への鉄砲伝来にともなっての製作の含みであろう。
11　応仁の乱から戦国時代をさすか。
12　「性命」(異)

するの心、または土地併[1]の心より起る所の挙動、さこそ怖ろしかりけめ。

案るに後世徳衰へたればこそ、公家、武家、王法、仏法、世間、出世などいへる別もあれ、古の王者は＊〈億兆の君師として二法なかりけるものを、検夫〉尓さすが戎狄[2]の人にして、上古聖治の〈を検夫〉事を知らざるが故に、皇国後世の弊の起る所を」（37ウ）論ずること、右の如く謬れるものなり。

＊＊一　事の形勢既に斯の如なるに至りて、諸侯の放恣兼併の心を制して、降[3]腹せしむべきの時に当りければ、宜く将[4]軍を立て、官軍の首として遣すべしとて、帝の長子即チ皇太子たる人を以て、定例として是[5]最勝の重職に補せらレけり。是ぞ遂には世[6]間（間）（朱）治（義黼なり、武家一流の政をいへり）の基と成りぬる。其故は五百年の前なりける将軍頼朝、帝位を受るの望を絶て、自[7]寛するに世事最上の専権を以せしかば、日本記事の書にも、是人を以てウエ[8]ー゜レルトレイキケイヅル（世間帝といはんが如し、前にも見ゆ）の第一とせり。然といへども其後人猶良[9]」（38オ）久くは出世帝（義黼成り、前にも見ゆ）に事へて其掟を守り、常に大にかの神

1　他に「兼併」とあるに同じ。いわゆる英雄割拠しての国盗りのことであろう。

2　戎狄（じゅうてき）。野蛮人といった意。シナ語に淵源する。

＊〈億兆の……検夫〉まで、細字にて欠落を補い挿入。

＊＊（蘭）Kroon-Generaals der zelver macht（将軍の権力）の小見出しあり。

3　「降伏（がうふく）」とあるべき。（異）は「降伏」とある。

4　（蘭）Seogun of Kroons-Generaal（将軍すなわち首領）とある。

5　「是（これ）を最勝の……」（異）

6　（蘭）de waereldelyke Monarchie. 義黼とあるが、ここはオランダ語の直訳でも「世間的／世俗的君主」となろう。

7　造語か、「自覚」の誤写か。原文から、穏やかに思いめぐらすの意か。

8　三一頁以下を参照。「゜レ」は片仮字でLとRを区別するための工夫。

9　良久（ややひさ）しく

体を崇尊せり。如何とならば、世事第一の権柄たる軍師の重任、猶も出世帝の所欲[1]の人に授けらるゝことを得たり[2]。然を第十六世（西国の年暦にて、千五百年より千六百年に至る中間百年をいへり、千五百年は明応九年に当る）の初の頃在職なりける将軍、其所（を）業を起過[3]し、一挙に奉上[4]の務を棄絶して、自立して世間最上の君となりぬ。其事最モ重大にして容易なるまじく思はるゝに、さのみ難渋の事もなくて成就しぬ。此将軍は帝の二の宮（原文は二男の義）なり。出生の法に於て帝位を継ぐことを許されず、然るに権勢に心酔執着して、軍中に自立して悉く父帝の世事の権」(38ウ)柄を奪てをのが物とし、唯かの神体をよび神道の務のみ、国神正流[5]の神孫たる先規を得たまへるを以て、敢て傷[6]はずぞありける。

一[*] 然るに斯る軽忽不憚[7]の挙動の遂る所に至りて、終には其国の利益となり、時の将軍は偏に一箇治流の基を居ける[8]のみにして、遂には大に其国の洪福[9]安泰を致すの助となり、殊には斯る反覆反逆を好むの俗を禁止するの肝要となりぬ。本よりかく不法にして得られつる爵位なれば、如何でかかの強暴来逼の輩を鎮めて、和睦安堵せしむるに堪ん。さる程に数多強大の諸侯、誰かよく是[10]」(39オ)を得んと。是が為に闘戦し、爰を前

1 欲スル所、と返って読む。
2 「得たればなり」(異)
3 「超過」の誤写。
4 奉上（ほうじょう）。主君に仕えるが原義。
5 「正統」(異)
6 傷（そこな）はず。
* (蘭) Taico van een laagen staat verheven tot Keyzer van Japan（太閤低き身分より日本の皇帝にまでのぼりつめる）との小見出しあり。
7 軽忽不憚（きょうこつふたん）。軽はずみなこと。
8 居（す）ける。「据」に同じ。
9 洪福（こうふく）。仏教語か。大いなる幸福をいうか。
10 「誰かよく」のあと、(異)には「其令を守るべき各纂逆の心を逞くして彼を斃し」の文言あり。

途と争ひける。良久して福禄爵位[1]、終に一箇無雙の央雄[2]、秀吉、後に太閤と号する大器完智[3]の人に帰しぬ。是人は微賤奴僕の境界より起て、自己の勲功謀略によりて宇宙最大の諸君の其一[4]と成りぬ。此の大改革の事は、千五百八十三年（天正十一年）の頃に当りぬ。本より謹慎[5]の君にてありければ、よく本国当[6]の形勢、諸侯兼併の志をよび万民の気質、才器、嗜好、所願等を廓[7]知し、是によりてかの歴代将軍家の患とせし処を免れて、みずから最上の権を取り得るに至らんことは、諸大家の放恣兼併の心を制し、其強大自」（39ウ）在の勢を削りて、狭小の度内に屈せしむべきの術を得るにあらずば能ざらんことを知れり。是ぞ是人にありても、至極重要なる計策成りける。されば猶も難渋に見へたる事ども彼此数多ありけれど、此等は殊更ニ遺し置れけり。かの大事は太閤在世の間に能せずば、才知劣れる人の成し得べきニ非るを以成り、此に当りて実にまたタ其事を挙グべきの成熟の時に至りぬ。如何とならば国中の強大の諸侯多は既に降服し、其余[8]は戦争によりて頗る衰微し、扨又猶も敵戦[9]をなすスものの少許[10]はありけれど、幾」（40オ）程なくて是等に克べきの兵勢謀略有りけるが故也。

1　ここは副詞的に、「幸いにも爵位をえて」の意。
2　「英雄」（異）
3　造語か。「完全」と「智慧」の合成。
4　俗に「天下人（てんかびと）」と呼ばれたことをさす。
5　二六頁註3など参照。
6　「常時」（異）
7　造語か。広く認識したさま。
8　「その余は互の戦争に……」（異）
9　「敵対」（異）
10　少許（すこしばかり）は

一* 初メ諸侯の放恣兼併の心[1]、時を追ふて増長して、終ニは出世帝も殆ド制するに堪ざるに至りにけるより、以来帝頻に御子を将軍として、大軍の首として遣されけること、既に四百年の久きを経けれども皆徒[2]にして止ぬ。然を今太閤は僅に十年の間ニして其功を成就しつ。是唯に兵威を以するのみにあらず、其心謹慎にしてよく良策を用たるによれり。然のみならず時運亦よく其志を祐[3]たり。諸侯の兵勢は長き内乱によりて頗る敗廃しけれども、強く是れを」(40ウ)削るべきなればとて、太閤心を一決して其隣成る海国高麗、理に於て正しく日本に属すべきを以、是を討んと欲す。其此の如く決定する本意は、国[4]中を強大の諸侯を遠隔せしめ、其所領の郡、所生の地より出さんが為にして、且又彼等[5]かがの海国成る韃靼人（朝鮮人をも韃の部とす）を降さんとて、時を移すの間には、自己の他の志願を成就して、今纔に取り得つる国権を堅固にすべきの便宜、十分成ることを得んこと必定なりと知るが故成り。然ルに自余の事は皆随意に行れけれ共、高麗征伐の計は期せしが如」(41オ)く快通[6]ならざりし程ニ漸く思慮して諸将を呼び返さんと欲す。此時諸将既に異国に在て、劬労[7]なる戦役の艱難を経て大に疲倦し、財宝涸竭し兵力敗廃したれば、疑もなく今ははや乱

＊ (蘭) Hy besnoeit de macht der Prinssen van het Ryk（太閤、諸侯の勢力を弱体化する）との小見出しあり。

1 身勝手に他人の領地を攻めて己れのものとすること。

2 皆徒（いたずら）にして

3 祐（たすけ）たり

4 (異)は「国中強大の……」と「を」なし。

5 「彼等がかの」とあるべき。

6 造語か。うまくことが運ぶさま。

7 劬労（くろう）。「劬」は骨折り苦しむこと。造語か。

逆の心を擱て[1]、家に帰るを以て喜として如何なる貴き価にもあれ、苟も本領安堵買んと欲すべきことを太閤よく察知して、苛[2]き制度を立たり。其制度はか丶る難渋危殆の時なれば、自[3]体安全の為なりといふを辞として、諸侯の妻子を都に遣して、曾て是が為に適宜なる館舎を構いて、荘厳にして堅固にし」(41ウ)置つる城中に居住せしめ、諸侯帰国の上は本領に付、毎年一廻其時節を定めて都に来て妻子をも訪ふべしとなり。太閤既に斯の如く苛[4]刻の一流を用て、国家の治法を新にしければ、諸侯兵勢衰へ威風落て将来天下其隠謀反逆の事に在て、少も恐るべき所なくなりにけり。如何と成らば諸侯皆其妻子を以て、其心服不変なる所の質[5]とするが故に、必ズ毎年一廻みずから都に到りて、其二心なきの旨を表せざること能ざればなり。其身卑賤の士卒より起て、幾[6]何もあらざるに許多の強大なる諸侯を服[7]」(42オ)事をせしむるに至れるは、誠に離[8]倫絶類の規模と謂つべし。

一[*] 諸侯の兼併の志、強大の勢、常に万民静謐、常[9]王安全の為に損有害有けるを、一旦大に是を破りつれば、猶も遺れるは民の放縦にして、王

1 擱(おい)て。㊋に「さしおきて」と傍訓。
2 苛(から)き。きびしいの意。
3 「身体安然(しんたいあんぜん)」㊋
4 どんなことも容赦しない。きびしい。
5 人質(ひとじち)のこと。
6 幾何(いくばく)も。㊋は「幾程(いくほど)も」。
7 服事(ふくじ)。一般には「従い仕える」意であるが、ここは服従して君主に仕える意に転用。志筑の用語か。㊋は「服従」とある。
8 離倫絶類(りりんぜつるい)。造語か。人間、妻子、親子などの関連を完全に断ち切ること。文脈にそっての意訳であろう。原文は een onvergelykelyk en weergaloos voorbeeld とあり、「比較できぬ無類の実例」とでも訳せる単純な表現。
9 「帝王」㊋／誤写であろう。
* ㊌ Hy brengt de geheele natie onder（太閤、全国を鎮圧する）の小見出しあり。

綱の大害となる者を擜[1]へ煣むべきの時なれば、宜く一種の新法を選て、愚[2]民多頭の獣（多頭の獣は義龖なり、多く党を立て諸党一和せざるを悪みて言り）の蜂起猖獗に備へて、草[3]業の権威を同くすべきにぞありける。此時新主幸に時運にさへ乗じたりければ、凡[4]是ぞよく国家の体勢」（42ウ）群[5]下の心服に適中せんと思ふ所の法度は、皆よく制作せらるゝことを得たり。今其法度の厳[6]猛なることを案るに、かのアテネン人のいはゆるダラーク[7]（此事いまだ審ならず、但しダラークは厄勒祭亜代の暴君の号と聞ゆ、予が考ふる所後に見へたり）の書たるが墨[8]を以せずして、血を以せしの類とも謂つべし（此一句畢竟は惨刻の譬なり）。是法度猛なりといへども、然も順ひ守るに難き所有にもあらず。畢竟は国家万民の治平を進めをよび治平を進るに、適宜ならんと思しき政をなさんが為の外、更に他の所[9]期有にあらず。況やまた惨刻嗜[10]殺の本意を以て制作すること、彼古の名高き暴君デイヨネイシ[11]」（43オ）ス（王の名）が、象[12]儀を高く遠く人目の及ざる所に懸て人をして得て読べからざらしめて、此によりて犯者益〻多して罰すべく殺すべきものゝ数、甚大なるに至ることをいたせしが如しと謂べき哉は。日本法度の猛なることは、罪を罰するに偏に財[13]贖を以すること無にあり。されば帝命に違はんものは、身[14]窮に罰を受け死を受るの外、更に宥[15]赦の頼有ことなし。かゝる厳猛の法度に在

1　擜へ煣む。「煣」は辞典になし。いわゆる懐柔すること。

2　(蘭)het uytsporig graauw, dat veelhoofdig beest

3　「創業の」(異)

4　「凡能国家の」(異)

5　諸侯をはじめ多くの人民など。

6　造語か。きわめてきびしいこと。

7　(蘭)Draak der Atheniensers／アテナイ初の成文法たるドラコン（Drakon, 法律家）の立法（前六二四頃）をさす。厳格さゆえ「血で書かれた法」などと称された（内容の一部が伝わっている）。

8　(蘭)inkt

9　「期スル所」と読む。

10　造語か。嗜は本来ごく切迫したさまをいうので、異常なほどの残酷さを表現したものか。

11　(蘭)Tyran Dionysius／シラクサの僭主ディオニュシオス

ても、諸侯大家の外は貴人猶其過罪によりて或は一箇の嶋に流され、或は命ぜられて自殺する等の事有。実に其性日本人の」(43ウ)如きものは、其法宜しく斯の如ならずば制御すること能はじ。其人思へらく、国法たゞに貧者の為に設て富者の如きは是を買ふことを得て、己が力の及ばん所は、諸罪其意に随て犯すべくば、これ極て道に害ありて、且又至て不直[1]なるの事成りとす。此言また理有りと謂つべし。我曾て此地[2]の路次に在て、毎ゝ[3]かの詔命の壱国法の趣を国中に告知せんが為に大道の傍に殊更に其所を構へて、懸置たる札の面を見て（検夫尓よく我文を読にはあらず）其文法[4]の簡約にして群下の為べき所をよび為し心べき所の事をば、直に大意のみ」(44オ)をひ[5]て、其辞極て寡きに驚きぬ。何等の故を以て、此の如きの法を作れりといふことをも記せず、絶て作者の本意并に其志趣をも説ず、又犯者の当る所の刑の次第をも示さず、唯此の如く簡なるこそ、かかる強大なる国朝の宜しく然るべき所なれと謂へり。案るに凡詔命の義に於て疑をなさんものは、名て奸曲とせらるべきの理を作者よく知るが故に、然く簡約にして事既に足るものなり。其上諸罪を罰すること極て猛にして、全く法度を犯す者にしあれば、其事大[6]要心より起らんも、又は」(44ウ)愛[7]恵の

一世（前三六七没）。下賤より身をおこし軍事外交にすぐれた手腕をふるった。

12 象儀（しょうぎ）。(異)に「象魏」とありこちらが正式。法律のこと。

13 財贖（ざいしょく）。金品を出して刑を免除してもらうこと。

14 「其躬（そのみ）」(異)

15 「宥恕（ゆうじょ）」(異)

---

1 造語か。「不正・不当」などの意。

2 江戸参府に随行しての道中の経験をいうか。

3 (異)は「毎ゝ……殊」の文言なし。

4 いわゆる制札・高札の表現、文言のこと。

5 「い」の書写落し。「いひて」(異)

6 誤写。(異)の「大悪心」が正しい。

7 造語か。「恩愛」「慈恵」などの合成か。

情より起り、委曲の理に牽れて心ならず罪を犯すに至らんも、一切差別なく悉く死罪なりとする国なれば、凡法度を犯さん者は刑に行るべき事をよび人の不直を受たゝん者は、出て告訴すべきの事、一人として佯[1]て知ざる者の如くすること能はず。莫[2]斯哥比亜の大ヘルトク（大ヘルトクは爵名なり、王爵の次なり、ヘルトクの上成り、此事後に註す）ヨハンネスバジリデス（其名）の群下を御するに、鉄鞭を以すべしと常ゝ言へりしも、正しく日本人の如きを謂る者也（ストロイスといへる者が莫斯哥比亜の事を記せる書を見るに、惣て彼国の法も猛なり）。されば斯の如き強[3]梁（梁）放縦」（45オ）の民の蜂起を止て、許多の州郡相隔りて、治法格別成るに在ても、一斉に安静和平を遂しめて、兼ては国中の諸君長をも畏れしむるには、必斯る厳法猛[4]刑あるべきことなり。扨又恐れ驚くべきは、日本諸侯の時に当て、威儀を呈[5]をするの厳重高貴なるすら、其人猶も憂を懐きて既に一たび得つる所の権威を遂[6]て、永く群下の扶[7]載に預[8]ずからん事を思ひ、毎に彼此の便宜を失はんことを恐れざること能ざるにあり。惣て国人皆平生転変を悦び分党を好めり。若し大に心を用ひて」（45ウ）彼が勢力を破り此が放恣を制るに非れば其[9]患を免れず。

1 佯（いつわっ）て
2 ㊫ de groot Hartog van Muscovien Johannes Basilides／モスクワ大公イワン三世（在位一四六二～一五〇五）のこと。求心力の強い統治により内政外政両面で後のロシア帝国の礎を築いたとされる名君。
3 強梁放縦（ごうりょうほうしょう）。粗野で強情で勝手気ままなさま。
4 造語か。猛烈な刑法の意。
5 「呈する」㊀異
6 「逐」の誤写か。オワレて、と読む。
7 造語か。辞典になし。「援助」の意か。
8 「あずからん事／預（あず）からん事」などの誤写か。
9 其患（そのうれい）

アテネンダプラークの事、アテネンはスラールト[1]が羅甸(ラテン)書に、厄勒祭亜の時の大都にして羅媽(ロウマ)の時の羅媽城の如しといへり。又マアリン[2]が書に、アテネンのテイプラン又はアテネンの三十テイプラン[3]などいふことあり。テイプランは惨刻なる暴君をいへり。又ダプラーク[4]は龍なり。彼方にては龍を凶人の譬とすることあり。是等の故を以て厄勒祭亜時代の暴君の号ならんといへり。血書の事故事あるべし。予薄聞なるが上に載籍にさへ乏しく、且また近来在館の蘭人にも博識の者なければ、少く俗に遠きことは問しむれども答ること能はず。是是[5]故に暫ク疑を存して」(46オ)後人の改正を待[6]ものなり。

莫斯哥比亜の事、元来欧羅巴同盟の諸国に在て熱尔馬泥亜(ゼルマニヤ)国を帝とし、払郎斯(フランス)国、暗厄里亜(アンゲリヤ)の如きもの（コウランツトルクといへる書に王国八ツありとす）を王爵とし、意太里亜国のトスカネと魯細亜国のムスコヒヤとの二を大ペルトク゚[7]とせり。莫斯哥比亜今は強大にして魯細亜帝と称すれども、旧きに仍りて莫斯哥比亜の大ペルトク゚ともいへり。

凡ソ天下に於て和蘭等が全く許してケイヅル（帝号）とするもの六あり、我　天子、公方、支那の帝、都児格(トルコ)のシユルタン（和蘭にてはゴローテンペール[8]と称す、大君と

1　前出、二三頁註3参照。

2　蘭学者が座右にしたP(ピーテル)・マーリン（Marin）の『蘭仏仏蘭辞典』。

3　いわゆる「アテナイの三十人僭主」のことか。ペロポネソス戦争（前四三一～四〇四）後のアテナイで成立した寡頭政（oligarcy）。三十名の指導者により恐怖政治が敷かれた。

4　draak には龍の意もあるが、「血書」の件などからすると、原著者ケンペルはアテナイの立法家ドラコンの故事を引こうとしたのかもしれない。六四頁註7参照。

5　「是」は一字不要、誤写。

6　「待」はこの場合多く「俟」（期待する意）を用いる。

7　前頁の「大ヘルトク」に同じ。前頁註2参照。

8　蘭語、grooten heer.

云んが如し)、魯細亜(ロシヤ)のカザル[1](和蘭にては[2]ゴローテホルストと称す、大主といはんが如し)、印度(インド)」(46ウ)私当(スタン)の莫臥(モゴ)尓(ル)(和蘭にても大莫臥と称す)熱尓馬泥亜のケイヅル(和蘭語の帝号即チ是なり)是なり。其中支那、莫臥尓、都児格の三主は韃人の後なり。熱尓馬泥亜、魯細亜の二主は羅媽人の後なり。

○[*]太閤既に其国事を然く堅固長久の地に居て、後人に其跡を[3]従て行んことを命じて、千五百九十八年(慶長三年)に薨じぬ。極て[4]睿智謹慎なる君にて、死後には国神の中に列て[5]シンハチマン(新八幡ならん)と号す。第二のハチマンと言んが如し。八幡は軍神の名なり。然るにまた其国の幸なるは、かの[6]オンゴシヨの国統を継給ひけるにぞありける。オンゴシヨ後に[7]イ、ヤス公と名け薨後に[8]ゴンギンと号す。トクンガハの名族より出まして太閤臨終の[9]簀に在て、一子秀頼とて、時に年六才なりしを托して」(47オ)其補佐とせらる(検夫尓自注曰ク、秀頼後に爵位および生命を失はる)。尓来其子孫連綿して常に国を領し、[10]謹慎と洪福と交〻相扶て治を成し、[11]御先職名君の基本を守り、其轍跡に従ひて遺法の厳猛なるを奉じ給ふ。凡ッ国中の諸侯大家をして怖畏して服役節度の宜きを守らしめ、其勢力増長して国家安泰のよく堪ふべきの限に過る

1 Csar か。
2 groot vorst, vorst は封建時代の領主。
* 蘭 Na 't overlyden van Taico, neemt het geslacht van Tokngava de kroon aan(太閤没後、徳川一族が跡を継ぐ)との小見出しあり。
3 従(したがい)て行(おこなわ)ん
4 「睿智」は「叡智」、謹慎は二六頁註3参照。
5 蘭 met den naam van Ssin Fatzman, dat is, de tweede Fatsmann of krygsgodt van het Landt
6 蘭 Ongoshio/大御所。
7 蘭 Jejas/家康公。
8 蘭 Gongin/権現(東照大権現)。徳川は元、得川。
9 簀(さく)。臨終のとき。
10 謹慎・洪福とも既出。後者は六〇頁註9参照。
11 「御先祖」異

に至ることなからしむること、是ぞ其治国洪福の系る所の第一の肝要たること、歴世の諸君皆よく其理を知り給へり。然ればとて王事[1]を以てこれを虚[2]することなく、兵力を恃てこれを残することなく、重賦[3]を以て是に任ずることなく、其上みづから親[4]をなし礼を厚くし、王者たる所の徳恵を示して、務て」(47ウ)諸侯の親睦愛慕の心を得給ふにあり。但し其事体を察するに、其寛活[5]を以せらるゝ所以は、即チおのづから其責[6]を受る所以なり。其褒美せらるゝ所以は、即おのづから其涸竭する所以なり。其高爵を賜はる所以は、即おのづから其網羅せらるる所以なり。惣て爵位恩恵の類の諸侯に賜ふものとして、寛活を以せずといふことなし。此はこれかれが聴命服事の心を固くし、又かの領地所税の貨財[7]若聚り積らば、兵乱返逆の心を起さしむることあるべきの恐あるものを快く出し費さしめんが為なり。如何とならば、其俗広大を好むが故に上より賜る所の恩爵位の品に随ひて、必其威儀花美および資料を増して」(48オ)貴装[8]を致し、其身の養[9]に在ても費用多からしむ。国に於ても毎年参府の路中に於ても斯の如し。是によりて曽て保てりし威勢強大の実は悉く失せて僅に残れる蔭を頼て、自奉自慰[10]して苟も満足するのみなり。右の外無数の

1 臣下の天子に対する労役など。
2 虚（むなしう）する。異に「虐（ぎゃく）する」とある。前者は誤写、きびしくすること。
3 重賦（じゅうふ）。重い賦役。
4 親（したしみ）をなし。心広く振舞うこと。
5 心の広いこと。
6 臣下としての義務、責任のこと。
7 貨財（かざい）。物品や金銭。異は「貨賦」とあり。
8 貴装（きそう）。造語か。高価なもので身を飾ること。異は「貴粧（きそう）」とあり。
9 養（やしない）
10 自奉自慰（じほうじい）。己れの衣食などに不足のないようにし、そのことで自分を満足させること。

奇計奇術ありて、或は諸侯をして常に相通交し相訪問せしめ、或[1]は穿て其極密の談話を察して、其家なる非常の事を知り、或は和をなし睦をなさしめ、又或は時の利害によりては不和ならしめ、怨をなさしむる類の事は、毎[2]挙するに遑あらず。諸事の中に就ても別て心を用らるゝは、諸州の動静および其正税の音[3]信を得るにあり。朝[4]家の諸臣、其務を奉るの忠良真実の程を知るにあり。」（48ウ）出家なるもの、行状及び其趣向を察し、別ては其中なる権[5]貴のもの、所為を知るにあり。国中の刑法裁断の事如何があると監[6]し、又格外の事に当りて決断をなすこと、如何があると検[7]するにあり。

一*　事既に漸く一定して、其俗常に蜂起反逆に勇むの習はありながらも、国中今は其恐[8]希なるに至りにければ、又かの外国の事、恐くは他日に至りて、国内の騒動をなすべきなればとて、此をも拒絶せるを以て、極て切用の務なりとす。是議は従前既に成れる所もありしかど、いまだ事を挙るに至らざりき。されば必新[9]成の治綱の福[10]分を、頂上の極処に引上げ、纔[11]に致つる泰平を益〻安全ならしめ、惣て諸事皆堅固長久の基に居ん」

1　いわゆる「隠密」であろう。
2　「枚挙」が正しい。志筑のくせか。
3　音信（いんしん）。意パンには便り、報告、しらせの意。
4　帝をとりまく公家の人々。
5　権貴（けんき）。身分高く権力のあるさま。
6・7　監（かん）し／検（けん）する。監視と検察、検討の意。漢字一字での表現は訳文のスタイル。
*　蘭 Vernietiging van vreemde gewoontens en Godsdiensten（異国の風俗習慣及び宗教の一掃）と小見出しあり。
8　恐希（おそれまれ）なる。異は「恐稀なる」とあり。
9　新成（しんせい）。造語か。「新制」の意であろう。「治綱（ちこう）」も造語か。世を治めるための綱領といった意であろう。
10　福分（ふくぶん）。造語か。良い点。
11　「終（つひ）に得（え）つる」異

（49オ）ことを欲す。これみなケイヅル（将軍家をいへり）の思慮明鑑[1]の間断なからん事を要するにあり。仮令後来如何なる騒乱の事あらんにも、後人かの経済[2]家の地方気運の災によれりとし、又は人間界の無常の厄に当れりといふなる所を以て、妄りに其責を人主に帰して、懈怠慢にして謀略不足[3]なるの罪に出たりとせんと欲すとも、其由なからしめむとなり。凡ッ異なる儀式、異なる風俗は土人[4]の外より移し来らんも、異国の人[5]国中に運入[6]せんも、皆国中を変乱するの第一なるものなりとし、カールト[7]（賭博に用る小紙馬なり、今の俗カルタといふ、即蛮人の語に習へるものなり、哥がるたといふも然り）、骰子[8]（此方の賽と同じ）、テウエーケヘクト[9]（両闘の義也、他を交へず唯二人闘ふなり、即真剱勝負なり、但シ彼方の真剱勝負は殺を期せず、切傷せられて屈服するを期す、俠客又は少年好色の憤によりて多くこの事あり）、および衣」（49ウ）服飲食の侈奢[10]なる、其他諸の異なる荒淫の業、皆これ善良中正の道を修するの障碍なりとし、吉利支丹教法の如きは、極て当今一定の治道国家の和平に害あり。本国の教法に害あり。其神仏に奉るの務に害あり。出世帝（義龗なり、天子をいへり）の神威職掌に害ありとし、本国異国其人互に往来し逗留すること、万民の静謐に害ありとし、是皆徒に本地本民の性質に応ぜざる異様なる趣向を育成すべきの外、さらに無用なることなりとし、惣て国俗の弊今に至りて免れざるも、又は将来其恐あらんも、悉く異国異風の咎なりとす。

1 明鑑（めいかん）。くもりのない鏡、よく物事を見分けることのできる見識。

2 (蘭) nakomelingen（後人）とのみあって、「経済家」の語はない。志筑の考えで地方の金持ち（酒屋、質屋……）、有力者など経済を支えるものを想定した意訳か。

3 さまざまなはかりごと、計画。ここはいい意味で用いている。

4 土着の人すなわち人民、国民のこと。

5 「異国の……変乱する」までが(異)では「異国人の国中を変乱する」とのみある。

6 造語か。受け入れること。

7 (蘭) kaarten（複数形）／「カルタ」（ポルトガル語）と同じ。

8 骰子（とうし）。(蘭) dobbelsteenen.

9 (蘭) tweegevechten／二（テウェー）の闘（ゲヘクト）＝決闘。

10 侈奢（ししゃ）。奢侈に同じ。ぜいたく。四九頁註7参照。

然といへども、凡ソ全体を挽廻[1]して本然の壮健に復せしめんと思はんものは、其朽腐[2]せる処を断去るにあらず。」(50オ)徒なる計策なるべし。根▼本の去ずして有らん限は其病の止んことを望んも、固陋なる業ならまし。

一* 是故に国家当時の形勢の求る所、近き頃より一定しつる治綱の求る所、国民享福安養の求る所、土地の性の求る所、ケイヅル安全の求る所、悉皆一切に国を鎖して全く異国人異国風を除くにあり。是故を以てケイヅルおよび執政家、終に一決して永久不易の法を立て曰ク、国当[3]二鎖閉一。

一** 凡ソ異国人の中に在て、大に日本に固膠[4]してこれが害をなすの甚し▼きものは、波尔杜瓦尔人[5]に若はなしとす。此俗傲慢なること、日本人に劣らぬものなり。彼等是地検出（検夫尓自註曰ク、此は偶然に出たり、壱艘の海舶風暴にあひて是国の」(50ウ)浦に漂着せしによれり、千五百四十三年の頃のことなり、訳者曰ク、千五百四十三年は天文十二年なり）の後幾程なきに、現前の利に誘はれ、大に是地に植[6]民し（人を植ること彼等が国の習なり、人を其地に渡して住しむるをいへり）且は異財奇貨により、且は使僧[7]を遣して説法する所の耶蘇教[8]の教により、且は新化[9]の者と婚を通ずるによりて、暫時の間大なる富を致し、深く国人の心を得て大におのが利益となし、諸

1 一〇頁一行目の詩行参照。

2 朽腐（きゅうふ）。造語か。

▼欄外に「此言恐るべし」（朱）と書込みあり。

* 蘭 Sluyting van het Ryk（帝国の閉鎖）と小見出しあり。

3 国当（まさ）に鎖閉（さへい）すべし。蘭 Dat het Ryk zoude worden toegesloten.

** 蘭 Val der Portugeesen（ポルトガル人の没落）と小見出しあり。

▼欄外に「鎖国大論」（朱）とあり。

4 固膠（こう）。膠固で一般に用いる。へばりついているさま。

5 波尔杜瓦尔（ポルトガル）人に若（し）くはなし

6 蘭 volkplantigen／植民（地）の直訳による翻訳の初出であろう。

事の如意[1]なるに務るの余り、敢て本意[2]を逞して、其国の政事をさへにやゝ変革する所あるに至りて、大に民の野心凶悪の端を発きて、極て当今家[3]の害となりぬ。ケイヅルの殊に驚きまし〳〵けるは、二書[4]の面に奸計充▼満したるにぞありける。其一通は和蘭人が取りつるなり（洋中にて波尓杜瓦尓の舶を奪へるによりて得たり）。和蘭人当時波尓杜瓦尓人と戦争の際なり」（51オ）ける。其上交易の便宜を占んと希ふが故なり。又其一通は広東より日本人が得て遣しつるなり（何れも此方の賊徒が彼国に遣す書なり）。広東は支那の邑の名なり。扨また其頃しも、国家の害となるべき委曲の事ども数多同時に露顕しぬ。執政家の重き諸侯、路次に於て一人の耶蘇[5]の官僧に遇[6]れけるに、彼僧不遜にして恭敬の礼を尽すこと、肯[7]て国人平生の格に準ぜずとて、頻に朝廷に訴らる（彼僧轎[8]より下らずといへり）。又土[9]俗異にして新なるを好むによりて、波尓杜瓦尓人莫大の利を得て、無量の財賄[10]を運諭[11]し去る、此事漸ク公儀の患となれり。又吉利支丹教の盛に行るゝ事、新化の徒の合一する事、彼等本国の神仏および本国の教法を忌嫉むこと、其法の為に他を禦ぎ[12]」（51ウ）自を護るの堅固なる事、これ皆よく国家の恐懼不安の基たり。是等既に明なり。されば許多の艱難を経、又許多の人命を絶[13]て、近き頃こそ国中諸侯の勢を破り帰[14]降せしめ

7 いわゆる宣教師。
8 「耶蘇経」(異)
9 新化（しんか）。造語か。新たにキリスト教に帰依すること。

1 意の如く、と読む。
2 自己主張を強くしての意。
3 現在の将軍家。
4 (蘭) twee brieven（手紙）
▼欄外に「ポルトガルより異国え二書渡せし事にやかん計の書なり此真書なり」（朱）とあり。
5 (蘭) Jesuitische Bisschop（イエズス会の司教）
6 遇（あわ）れけるに
7 肯（あえ）て
8 轎（きょう）。かご。「轎子（のりもの）」(異)
9 一般の人びと。
10 財賄（ざいわい）
11 誤写。(異)は「運輸」。
12 禦（ふせ）ぎ
13 絶（た）て
14 帰降（きこう）。投降に同じ。

て、久しき以来国土を荒廃せしめつる内乱[1]の終をなして、纔に得たる一統の世なるを、若も吉利支丹を其儘にし置て、其数増加するに至らしめば、再び新に禍乱[2]の根源をなして反逆の時節を得んこと、甚だ慮るべしとなり。

一　斯の如く数〻の重要なる義あるによりて、太閤漸ク波尓杜瓦尓貨利[3]増長、吉利支丹信心弘通[4]の事に於て、際限を立られけり。凡ソ鎖国の一件は一旦にして成就すべきにあらず。多年を経ざ」（52オ）れば能ざるべく[5]見へたるに、成し得る所幾干[6]もなくして、太閤死せられける故、後人に遺命して其事を成就せしむ。皆示すに磔刑を以せり。其趣意は波尓杜瓦尓人、其僧侶および諸族（通婚の故に族あり、子女甥姪の類をいふならん）を伴ひて国を退去すべき事、日本の土人将来恆[7]に国中に土着し、当時現に国外にあらん者は、一定の時節を期して帰る来べく[8]、若し其期を過て猶も異国に在留せんものは、同刑を以てこれを罪すべき事、および吉利支丹教を奉ぜんものは、立所に[9]誓を立て改べき事等是なり。是皆至極の難渋を経歴するに非れば、奉行[10]成就すべからざることとなりけり。嚮に日本一統の主を得んとて、許多の

1 戦国時代の終焉。
2 禍乱（からん）。災いや世の乱れ。
3 貨利（かり）。『書経』にあり、貨殖に同じ。貨財をふやすこと。
4 弘通（ぐつう）。五二頁註1参照。
5 能（あたわ）ざるべく
6 幾干（いくかん）。造語か。幾許（何）と若干の合成か。㊮は「幾許（いくばく）」。
7 恆（つね）に
8 「帰り来るべく」㊮
9 立所（たちどころ）に。すぐに。
10 奉行（ほうこう）。うやうやしくこと、を行うこと。

肖像者[1]（吉利支丹に対して此方の）」（52ウ）（人をいへり）の血を流しも、今また国権を固くせんとて、吉利支丹の血を流すには若[2]ざるべし。元よりかの新化の徒、何れも道理を説のみにしては、廻心すべきにあらざるを以て、刀刃、徽[3]索、烈火、磔[4]架等の厲[5]しき警戒を設て、彼等をして其罪を悔て暁悟せしめむとす。然るにかゝる厳[6]猛なる所置はありながらも、又はさしも惨刻なりける獄吏が発明しつる種ゝの呵責の具もありけれど、彼等が信[7]受凝結の心、少しも動揺[8]せばこそ。中ゝに其信心の虚ならざることをば、おのが血を以て▼磔架に銘せんと願ひて憚る所なく、比類なき堅固不抜の気象を見[9]して、其敵たる人をさへに、是を見て驚歎するに至らしむ」（53オ）（是また此方の人の強梁[10]なる所以、見るにたれり）。かく迄異教の為に民心を奪はれしは、永く是国の肖像家の恥辱たりと謂つべし。凡ッ右の如く古今無類の強猛苛刻を以すること、大約四十年の間なり。イエミツ公薨後に大猷院と号す、ヒデタゞ公（検夫尓自註曰ク、薨後台徳院と号す）の世子にして、イエヤス公の御孫なり。此君に至りて終[11]に明に鎖国の事を挙し、比類なき猛烈の気象を以て、三万七千余の吉利支丹を屠[12]戮して、一旦に国中吉利支丹家の残党を殫[13]せり。是等の吉利支丹は、曾てかの堪がたき呵責の逃るべき道なきまゝに、短[14]見に任せて嶋原なる有馬の城に会

1 造語か。五二頁七行目も参照。「肖像家」に「今の仏者の類をいへり」と志筑の註がみえる。(蘭) heydensch bloed
2 若(しか)ざるべし
3 徽索(きさく)。罪人をしばること。
4 磔架(たくか)。はりつけ。
5 厲(はげ)しき。きびしいこと。
6 造語か。この上なくきびしいの意。
7 造語か。強い信仰心と固い決意。志筑は熱烈な仏教徒という。
8 「（動揺）せず」(異)
9 見(あらわ)して
▼ 欄外に「邪教の堅固心の事」（朱）と書込みあり。
10 強梁(ごうりょう)。既出。六六頁註3参照。
11 終(つい)に明(あきらか)に
12 屠戮(とりく)して。みなごろしにして、の意。
13 殫(ほろぼ)せり
14 浅慮、あさはかな考え。

合し、心志[1]を一定して戦死せんと欲せし者どもなり」（53ウ）是城攻撃三箇月にして落ぬ。これ寛永年間［其当年を記せざるは遺忘せしものならん］二月廿八日なり。即チ我千六百三十八年［寛永十五年］第四月十二日に当れり。日本紀年の書、年代記または王代記と名たるもの[2]、および右の吉利支丹の変乱の事を委曲に記して、日本に行る、嶋原合戦と題せる書によるに皆右の如し。是ぞかの殺伐悲哀なりし看場[3]の最後の一段にてありける。此に至りて吉利支丹の血を流すこと、最後の一滴に及びぬといへども、苛察[4]屠戮の全く止ぬるは、千六百九十年［元禄三年］の頃なりける［検夫尓渡来の少し以前をいふならん］。此の如く日本国中悉皆掃浄[5]してより以来は、土人に於ても異国人に於ても四辺恆[6]に」（54オ）鎖閉せり。

国禁の後［此は千六百四十年の事といへり、寛永十七年をいふ、国禁にあひし翌年の事なりといへり］波尓杜瓦尓人、使者をミヤコ［此はナガサキの誤にはあらずや、検夫尓自余の篇には、長崎をいへり］まで遣しけれども、其甲斐もなく、教法を勤め来たる使僧なれば、理に於て害なかるべしとこそ思ひたりけめど、かの日本の朝庭[7]より示す所の象儀[8]の面に逆ひて、国中に入来せんと謀る所の罪科をば、免るべきやうなかりける程に、使者と従者と其数六十一人、ケイヅルの厳命によりて斬罪せられぬ。唯その最も卑賤なる奴僕僅に数人［都合七十三人の中十三人[9]助命せしかども、海上にて行方知れずなりぬといへり］赦して帰国せしめ、其国の人に斯る強猛なる応

1 心志（しんし）。こころざし。

2 名（なづけ）たるもの

3 看場（かんじょう）。見せ場。

4 苛察（かさつ）。人の落度、欠点などを細かく調べること。

5 悉皆掃浄（しっかいそうじょう）。ことごとく一掃する。

6 恆（つね）に

7 朝廷。庭と廷は同意。

8 「象魏（しやうぎ）の面（おもて）に」（異）／六四頁註12参照。

9 「十二人」（異）／計算からいくと十二人とあるべき。

対に遇[1]ひしの音信を告ることを得べからしむ。」（54ウ）

当時我国人を蠱惑せし南蛮人は、波尓杜瓦尓人のみにはあらず、伊斯巴泥亜人もありしかど、波尓杜瓦尓に比すれば其事小にして、且また別に異[2](あ)ることもなかりける故に略せしものなり。是二国皆和蘭の南方にありて、各王長ありて別なりといへども、密に相隣りて殆一国の如し。其惣名をも伊斯巴泥亜といへり。殊に其頃しも波尓杜瓦尓は、伊斯巴泥亜の麾[3]下なりし故に、我国通商等の事をも、伊斯巴泥亜より後見せしことと聞へたり。東方にありて伊斯巴泥亜は呂[4]宋を巣[5]穴とし、波尓杜瓦尓は臥亜を巣穴とす。猶和蘭の咬𠺕吧[6]あるが如し。臥[7]亜は垤敢国中の」（55オ）大城なり。又波尓杜瓦尓の亜[8]媽港は和蘭の台湾ありしが如し。何れも我国に近き所なり。今は二所皆支那に帰せり。波尓杜瓦尓人は、右の外に甘[9]巴亜、恩[10]魯謨斯とて、印度の大城両所を押領し居たりしかども、今は甘巴亜は莫臥尓に取られ、恩魯謨斯は伯尓斉亜国に取られぬといへり。波尓杜瓦尓と我国と交易の事、検[11]夫尓全書を案るに、其言にいはく、其交易前

1 「遇し事の」(異)

2 「異なること」(異)

3 麾下。本来は将軍直属の部下のこと。ここは傘下の意に同じ。

4 呂宋。現フィリピンのルソン島。

5 拠点の意。

6 咬𠺕吧。現インドネシアのジャカルタ。

7 インド西海岸の都市。波尓杜瓦尓の植民地、拠点として十六～十七世紀に繁栄。

8 「亜媽港」(異)／マカオの古称。

9 インド西部の港湾都市。

10 三三頁註1参照。「恩魯謨斯」(異)／一三〇一年に建設され、十六世紀初期にポルトガルが占領。ペルシア東部の貿易港として栄えたオルムズ（ホルムズ）のこと。

11 『日本誌』本篇をさす。

後盛衰ありといへども、其全盛なりし時、年〻[1]運輸し去る所の金三百トンに過たるを以て、大概其大利ありしを知るべしといへり。一トン各今の文銀にして大約四百貫目なり。三百にては拾貳万貫目なり。又いはく、其利の最小なるも」(55ウ)運来運去の貨物各一倍となりて、共に四双倍の利あり。又曰ク、千六百三十六年（寛永十三年）船四艘にて銀貳万三千五百貫目を輸し去る。諸人私の銀は此外にあり。翌年六艘にて貳万千四百二拾三貫六百五拾四匁一分、又其翌年小船貳艘にて、壱万貳千五百九拾貫貳百三拾七匁三分を[2]輸すといへり。委しく彼方の事を記したるものにて、検夫尓見たりといへり。原文には拾匁を一タイルといへり。但其頃の銀は今の文銀とは異なるべし。右の三年は彼が交易衰微の極をいへるなり。又いはく其全盛なりし時のやうにして、頻に二十年をだに経たらましかば、惣て日本より亜媽港に輸す財宝の積、かの古の[3]サロモン王の時に、其城中に」(56オ)在し金銀に[4]適しかりぬべしといへり。サロモンは三千年計り前なりし王の名なり。此は希なる富の譬に引るものなり。但シ前に言る拾貳万貫目は正金銀のみをいへり。此には惣ての貨物をいへり。

1 運び出すの意。

2 輸出するの意。

3 「撒刺満（サロモン）大王」㊜／前十世紀頃のイスラエル第三代の王。空前の繁栄をもたらし「ソロモンの栄華」をうたわれたが、没後まもなく富は失われ王国も分裂。虚栄、はかなさの譬ともなった。ヘブライ語、Šəlōmōh.

4 適（ひと）しかりぬべし

一＊　和蘭国の印度交易家は、第十七世の初の頃より常に日本に通商す（千六百年より千七百年に至るを第十七世とす）。其[1]正直なることは、初来以後平生日本人のよく知る所にして、既に当時（西）(朱)国家の仇たる波尔杜瓦尔人と不和なるのみならず、近き頃有馬吉利支丹反逆の事に於ても、其志明に見へければ（海上より多く大銃を発て、城を撃たりといへり）、これに処するに厳猛を以せんこと、波尔杜瓦尔人と同じからんことは、薄情とも不直とも謂つ」(56ウ)べしとて、殊にはケイヅルより許[2]容の書二通を賜りて、通商随意たるべきの誓とせり。初のは千六百十一年（慶長十六年）、ケイヅル、イエヤス公より賜り、又のは千六百十六年（元和二年）かの御跡を継給るヒデタヾ公より賜りぬ。然れば和蘭人の事に於て、須く[3]規[4]矩を立るの術なくてはあるべからずとて、長崎の港内に於て、曾て波尔杜瓦尔人の為に築たりける囹圄[5]とも謂つべき居所を以て、和蘭人将来の住宅とすべしとなり。是は国を立去しめんも然るべからず、さればとて放縦に置んも危しとの事なれば也。是によりて彼等常に許多の監者の官府に誓盟をなして、かれが為に所は瑣細の事をさへに密[6]〱」(57オ)に守り戒ることを掌れる[7]者の苛[8]き検察を受て、実に囚俘[9]または質人[10]に殊なる

＊ 蘭 Toelaating der Nederlanders（和蘭人の容認）と小見出しあり。

1 「其人の、正直なる……」異

2 いわゆる「朱印状」のこと。

3 須く（すべからく）

4 規矩（きく）。守るべき規律。

5 囹圄（れいぎょ）。二二頁註4参照。

6 すこしの油断なく。

7 掌れる（つかさどれる）

8 苛き（からき）検察。厳しい検査、観察の意。

9 囚俘（しゅうふ）。捕虜、とらわれ。

10 質人（しちにん）。人質のこと。

所幾ばくもなく、唯にかれが注[1]進によりて、万[2]国他州の動静如何と知るべきの外、殆ド更に用なきもの、如し。されば其所置の痛く強きに堪ふべき程のことあらしめむとて、彼に許して毎年五十万コローン（コローンは銀銭の名なり、一コローン文銀にて大約八匁に当る故に五十万にては四千貫目計り也）の貨物を売ることを得せしむ。但しかくあればとて、日本人も和蘭の貨物なくしてはあるべからずなど思はんは、実に謬れりと謂つべし。和蘭より、一年に入[3]る所の絹布の類の如きは、日本にては、僅に一[4]七日の間にして出[5]しつべし。其他阿仙薬、龍脳、木香、および種〻の乾薬、許多の貨物の如きも、侈奢」（57ウ）の為または薬餌の為にするのみ（薬は切用の物なれども、和蘭の薬なくとも、日本の憂となるに足らざること、検夫尔よく知るが故に、斯くはいへるならん）。

右の文に和蘭人をさして、我といはずして彼とのみいへるは、検夫尔元来熱尔馬尼亜（セルマニヤ）国の産なればなり。熱尔馬尼亜を上都逸（ドイツ）国といひ、和蘭を下都逸（ドイツ）国といふ。和蘭人の算にて考るに、文銀四千貫目は、元禄比の銀にては三千貫目計に当れり。検夫尔全書中に、貞享二年新規の銀高を三千貫目といへり（原文には三十万タイルとあり、一タイルは十匁なり）。出嶋は南蛮人市中に居ること御停止になりたる故、寛[6]永十三子年に築出すと記録に

1 報告すること。告げ知らせるの意に転用。

2 和蘭人は風説書により、日本（幕府）に世界情勢を報告していた。

3 (蘭) invoeren（輸入する）

4 (蘭) den tyd van eene week（一週間＝七日）

5 (蘭) uitgevoert < uitvoeren（輸出する、作りあげる）／このあたり、和蘭が一年間に輸入する量より多くの絹布を日本では一週間で制作、輸出する、の意か。なお独語版に拠った呉氏の訳では「消費せらる、」とある。

6 寛永十三年（一六三六）は「丙子」ゆえ「子年」と示す。この年に出島の築造が完了、ポルトガル人が収容された。やがてここに和蘭人が移り住むこととなる。／「寛永十三四年」(異)

見たり、検夫尓曰ク、二通の諜書の事なかりせば、波尓杜瓦尓人も頓に国禁には」(58オ)ならずして出嶋に居んこと、今の和蘭人の如なるべし。

一[*]支那人は日本人の諸の芸能学術をも伝受し、現に其地に盛に行るゝ教法をも授りつる所にして、其上治国の法も頗るかれが模範に習ひて成就したれば、実に其恩を担へる所なるが故に、一切異俗拒絶の列にあらず。是によりて恣意に交易し随意[1]に徘徊[2]しめたりき。但シ定て長崎に来るべしとして、他港に入ることなからしむるのみ。斯の如く許容せらるゝもの、唯に支那のみにあらず、かの支那国最後に韃[3]君に取られし時の変にあひて、其人の逃れ散て到れる所の東方 東方は欧羅巴よりさきの辞 諸地、諸王国[4] 東京、暹羅、柬埔寨の如きを王国といへり、王国といふにたらぬを唯諸地といへり、皆支那人の嚮導によりて渡来す 皆然り。其後」(58ウ)吉利支丹の教の説法、支那国に許容せらるゝの時に至りて、かれが日本に持来りて売る所の書籍の中に漸くかの吉利支丹経の義を解して、耶蘇を信ずるのことを説[5]〈の吉利支丹経の義と解して耶蘇〉たるを交へ来りて、是を以てかの万民安静の道に害あり損ありとして、近き頃こそ種〻の艱難を経て、

* (蘭) En der Chineesen(さらにシナ人たち)と小見出しあり。

1 (蘭) vryheid(自由)

2 「徘徊せしめたりき」(異)

3 「韃靼に」(異)

4 「東京(トンキン)、暹羅(シャムロ)、柬埔寨(カンボチャ)」(異)／現在のベトナム北部、タイ、カンボジア。

5 〈の吉利支丹……耶蘇〉(朱)までを「 」でくくっている。この部分は(異)にはみえない。書写のものが類似文句のためうっかり書写したか。重複とみて削除の印を付したか。また借写の際に気付いて削除したか。

纔に退治し得つる教法を更に再ビ蘇生せしめむとせしことありて、其事大に日本朝庭の憂となりし程に、決定してこれを戒むること和蘭人に同じ。其戒むる所の法も又殆ド相同じきに至りぬ。唯に相同きのみならず、彼等は智慧を以て日本人の詭計を拒み防ぐこと、和蘭人の如なること能ざるが故に、其境」(59オ)界却て和蘭人よりも劣れり。然るにまた彼等各にこそ均しく支那人とはいへ種〻の国土に住る者どもなれば、力を竭して相妨げ相害せんとす。其上吝嗇貪慾にして如何なる小利小得にても、中〻によく恥辱を忍ても失ざらん事を欲せり。

吉利支丹教法許容の事。始て支那国中に披露ありしは千六百九十二年といへり。ヒユブネル[1]人名がコウランツトルク[2]書名に見へたり。此は検夫尓渡来の後二年にあり。然れば許容は披露より前の事なるべし。同書に又いはく、吉利支丹教、支那国にて[3]二流になりて、一流は儒を雑へて孔子を奠り[4]、祖考を祀ることを許し、一流は儒法を忌て雑へざりけるに」(59ウ)儒を許たるものは、終に本国より禁止せられ、又儒を雑ざるものは、その後終に支那帝の命によりて支那国より追

1 三三頁註2参照。
2 三三頁註2参照。
3 二派に分かれたこと。いわゆる典礼問題。シナでのキリスト教諸派の布教に際して孔子への崇拝や祖先の祭祀などの伝統的典礼とどう妥協させるかという論争。寛容なイエズス会と、教理に厳格なフランシスコ会・ドミニコ会の間で、十七世紀前半から十八世紀にかけて争われた。一七一五年、ドミニコ会がその非を訴え、教皇クレメンス十一世がイエズス会の典礼を禁止する回勅を発した。これに対して逆に康熙帝はイエズス会以外の布教を禁止、さらに雍正帝（在位一七二二—三五）はキリスト教の布教を全面的に禁止した。ちなみに両派の対立は日本でも同様で、『日本文典』（一六三二）を著したドミニコ会のコイヤードは、イエズス会

逐せられぬといへり。惣じて支那は文明の国なるが故に、吉利支丹等に惑ふもの希なりといへり。

一*　事既に斯の如なるに至り、国家全く鎖[1](国)(閉(朱))するに至りにければ、今は一物として、帝王の所[2]期所計に於て、妨をなすべきものあることなし。大家皆よく帰降しぬれば、其兼併有為の恐るべきもなく、万民皆よく一定しぬれば、其[3]強梁放縦の慮るべきもなく、異国の為に議をなし援をなすの労もなく、許して異国に通好するの営もなく、忍て異国の流[4]風を受るの患も」(60オ)なく、一切[5]手足と累すに足るものなし。是に於て快く其切用なりとする所の事を理[6]めて、かの開通の国出入交易恣意なる地の能ざる所の事を計り、邑阜村落諸職の官舎、諸人の会所、および百工の肆をさへに遺さず、極密の格式に順しめて旧習を移し、新風に化せしめ、各自の産業を示し法則を立てこれを募り、これを賞して下民をして勤励の心を起して才能を成就し、有用の事を発明せしめ、又よく許多の監者を居[7]て眼目を張て民の挙動を察せしめて、是を以て其奉[8]上の宜き心を失ざらしめ、各〻をして心を新して善事を勉め行しめ、惣て一国を挙て、

批判の論客としても知られた。

4　奠(まつ)り

---

*　㊔ §.5（第五章）と章番号、また Gelukkige staat van Japansche Ryk, federt het opgesloten is（鎖国後の日本帝国の幸福(ハッピー)なる状況）の見出しあり。

1　「鎖閉(さへい)するに」㊄

2　期スル所、計ル所、と読む。

3　強梁放縦(ごうりょうほうしょう)。六六頁註3を参照。

4　流風。本来は先人の残したよきならわしをいう。「流風善政」（『孟子』）など。ここは単に異国のならわしのこと。

5　「手足(てあし)を累(わづらは)す」㊄／「と」は「を」の誤写か。

6　理(おさ)めて

7　居(すえ)て。居は据に同じ。

8　奉上(ほうじょう)。君主に忠節を尽くすこと。

[1]礼儀作法の」（60ウ）学校をなさんと欲す。斯のごとくして、世間主の功を以て、上世の[2]無恙有福の体を恢復して、国中内乱の慮べきなく、境域の秀勝不雙なると、群下の強勇無敵なるとに委任して、異国の人の[3]毎に他の栄を見て、羨慕嫉妬の心を懐くことを賤み悪めり。実に日本国の洪福なること、[4]仇の恐るべきもなく、外国来襲の慮るべきもなく、流球、蝦夷、高麗および辺傍の諸嶋（対島、佐渡、八丈の如きをいへり）何れも日本帝を尊て君長とせり。唯かの支那は実に強大の国にして、支那人は日本人の曽て恐れ患ひし処也といへども、惣てかの人は斯る類の計略には[5]怯きものぞかし。当今治世の帝は、韃靼の種なりといへども、」（61オ）既に許多の諸地諸王国を統御するの重任あれば、猶も其所領所併の地を推て日本に及さんことは、殆ト纔に思ひ出るばかりの[6]遑だにあるべからず。されば今に至ては、支那といへども日本人の怖るべき[7]所決てあることなし。日本国当今の世間位に具りませる　ツナヨシ公（検夫尓自註曰く、厳有院家綱公の御子、台徳院の御孫）極て謹慎にして又大に謀略あるの君たり。御先祖世〻の善心美徳を承継て、殊に寛仁に勝れ、又よく密に其国法を守り給ひ、孔夫子の学に成長して域内を治給ふこと、国体民生の求る所に応ず。人民其下にありて福禄を受け繁栄をなし、合

1 日本全体に朱子学を基本とした教育を実施することを、学校と表現しているのであろう。

2 無恙有福（ぶようゆうふく）

3 毎に（つね）

4 仇の（あだ）。かりにも。

5 怯き（よわ）。おそれてしりごみすること。

6 遑だに（いとま）

7 所決て（ところけつして）

体同心にして相親睦し、学び得て神明を尊むに」(61ウ)宜し、国法を奉ずるに宜し、君長に順ふに宜し、同僚を愛敬するによろし、礼あり、忠あり、良あり、才能勤励万国に秀出せり。最勝の境域に居れり。国中に於て互市交易して富を致せり。勇気不足なし。生計の具饒多なり。然のみならず和平静謐の沢を受たり。仮令其人頭を廻して、往古民生素朴なりしの時に察すとも、或は又太古古事跡の記を取て評論すとも、必其国の如意連綿福禄満足なること、今の時に若ざる事を悟らん。御するに称[1]望の主を以して、一切異俗通商通好の外に保護鎖閉せり。

鎖国論下畢」(62オ)

1 称望(しょうもう)。造語か。「称」はほめたたえる、「望」は希望。厳として強い意志をもって政治をするさまであろう。結果として尊敬すべきの意で用いているか。己れの望みどおりにことをはこぶ意。いい意味での独裁的君主の像を示す。㊫een willekeurig Monarch(自由裁量の君主)

通[1]篇の太意を案るに、諸国の中間に連山河海あるは、諸星の中間に游[2]気あるが如く、世界に異語、異習、異[3]起の諸俗あるは、天上に異種、異性、殊状、殊品の衆星あるが如し。然れば同く一地[4]球といへども、必しも万国皆相通ずべきの理にあらず、通交せざるを以て無道なりとすべからず。

皇国は其無数の嶋嶼を以て、地球の万国あるに応ずるなれば、これ一箇の小地球なり。是等嶋嶼の人、互に若干の海陸を経て通交通商するときは、これ既に国中にありて遊行奇観の楽あり。亦何ぞ必しも遠く大洋の危険を犯して、異域に出るを以て歓楽とせん。さる業をこそ」(62ウ)不幸なりとはいふべけれ。但し遂[5]生の具に不足あるものは、異国に通商せざること能はず。皇国の如きは有用の具を寛[6]満せるのみならず、更にまた許多の大奇特あり。これ其通交を須[7]ざる所以なり。曾て異国人の為に風俗を残[8]はれ財宝を偸まる。これ其通交を絶つ所以なり。然らば鎖国の一件、本よりこれ大に義[9]あり利あるの務たり。明君頻に起り給ひて、[10]これ事決定成就し給ふに至る。

1 「右通篇の大意」(異)／以下訳者志筑による全篇の感想。

2 游気、大気、空気、雰囲気など同意で用いた。

3 「異趣」(異)／起は趣の誤写。

4 地球(ちきゅう)。シナでの訳語。大地は平面でなく球体という説が前五世紀ピタゴラス派により提唱され、アラビア人を経てヨーロッパに伝えられ、マゼランの世界周航で実証された。

5 遂生(すいせい)。三二頁註6を参照。

6 寛満(かんまん)。造語か。豊かで充実しているさま。

7 須(もち)ざる所以(ゆえん)なり

8 残(そこな)はれ財宝(ざいほう)を偸(ぬす)まる

9 志筑の表現スタイル。

10 「この事」(異)

是また　皇国の皇国たる所以なるべし。検夫尓が意蓋し此の如し。昔時厄勒祭亜（ゲロシャ）の亜肋聖垤児（アレキサントル）[1]といふ大王が欧羅巴の諸部を従へ、亜夫利加（アフリカ）の諸方を降し、曾て」（63オ）黒海の海口に一千余歩の長橋を架して、二百三十余万の軍を以て攻来りし伯尔斉亜（ヘルシャ）国を滅して其大器を奪ひ、又深く東方に入て、印度の諸国を併呑し、舟車人跡の到る所、東西南北蚕喰せずといふことなく（今の莫臥児（モゴル）[2]所領のデリの地にも、今猶亜肋聖垤児の古跡あり、又今の暹羅王また自讃して、亜肋聖垤児の後といふと）其数千里の地面を占て、自[3]分全（いへり、厄勒祭亜の前は伯尔斉亜の代といふ、又其前を亜支里亜の代といふ、羅媽と共に四代といふ）地球を掌握せりと思へりしも、僅に四百年にして、其国羅媽の物となりて畢ぬ（厄[4]勒祭亜の王業成就は孝安六十余年にあり）。凡ッ天下の名地、開闢以来常に万邦争奪濁乱の外に拱手して、いまだ曾て外国の奴とならざること我国の如なるもの、更にまた何所」（63ウ）にかある。今かの魯祭亜（ロシャ）人が大に其国を開て、北は氷海に界し、西は波羅泥亜（ポロニャ）[5]、蘇示祭亜（スエシャ）に逼り、南は伯尔斉亜（ヘルシャ）に逼り、また遠く東方に向ひて、多く東西諸韃の地を併せて、ネルトシンスコイ[6]といへる所に至りて支那に逼り、又奥蝦夷のカムサスカに至りて、我に逼らんとするが如きは、我に在ても新に一箇の疾を得たるに似たれども、かのカムサスカの地たるや、既

1　アレクサンドロス大王（Alexandros III, 在位前三三六～三二三）。

2　ムガール（Mughal）帝国（一五二六～一八五八）。

3　「自ら」（異）

4　孝安天皇の在位は、『日本書紀』によれば前三九二～二九一年。

5　ポーランド、スウェーデンをさす。

6　一六八九年にロシアとシナ（清）の間で条約（いわゆるネルチンスク条約）が結ばれた地。シベリア南部、チタの東二〇〇キロほどのところにある。志筑はこの条約の内容や締結にいたる経緯を他書からも補って抄訳、『二国会盟録』（文化三年・一八〇八成）にまとめている（同年没）。志筑ははやくからロシアに関心をもっていたようである。

に其本国を去ること二千里にして、又我国に於て海をへだて蝦夷を隔て、前後の便利を得ず。且また彼が本国外は[1]都児格国、熱尓馬泥亜国等の強大なるに対し、内は諸部諸郡の変乱屡々にして常に多事なれば、遙に其手を伸して、我如き武備堅固上下」(64オ)和合の国に寇せんことは、難きが中の難事なるべし。これ然しながら、古人の所謂敵国[2]外患の類に似ざれば、中ゝにまた我国を守護する所以なるべし。今予が是書を飜訳するも、徒に[2]玩娯に具んが為にはあらず。我輩のかゝる得難き国に生れ、斯る有難き御代にあひて、太平の草木と共に、また上もなき雨露の恵を蒙ることのたのしさを語り出んときの興を添るの一助とも[3]なりなんかしと、思ふばかりになんありける。

享和元年秋八月」(64ウ)

1 都児格国、熱尓馬泥亜国

2 「外患の類……また我国を」が(異)では、「外患の類なるべければ蝦夷からふとの地また能治りて通商出入濫放ならざらんには彼が相逼らむも中々にまた我皇国を」とある。

3 玩娯。造語か。玩弄・娯楽の合成か。

4 (異)では「なり」の後に以下の文言が続く。「兼ては又異国異風の恐るべく邪説暴行の悪むべくして普く天下に求れども更に尊むべきの人もなく仰ぐべきの教もなき事を悟りて外を禦ぎ内を親しむの最切用なる心を固くするの道において微く裨益する処もあり」(なんかしと……)。書写の抜けではなく、後人の加筆か。一般にはこの加筆ある写本が多く流伝したようである。

享和二壬戌仲夏中野某[1]ヨリ借得摹之　高久平蔵」(65オ)

1 訳者、中野柳圃(志筑忠雄)をさすか。

（附）鎖国論梗概

はじめに　今度翻刻した志筑忠雄訳『鎖国論』は上下に二分されているが、特に章節に分けるなどはしていない。しかし原文の蘭文では、〈Inleiding. §.1～Gelukkige staat van het Japansche Ryk, sedert het opgesloten is. §.5〉と、第一節より第五節までに分け、小見出しが与えられており（原本、四七八～四九四頁）、内容的にはいくつかの部分に分けて考えられる。率直にいって、訳文は必ずしもわかりやすく素直に読みとおせる秀逸な文章とはいえず、ことに逆説的表現や比喩的表現、問いかけ論的表現はくせがある。現代国語、漢和辞典では検索できぬ漢語群（用語、熟語）も用いられている。おそらく翻訳の過程で創作した志筑独自のコトバ作りであろう（私は仮に〈造語か〉として区別した）。以下、読者のために私なりに本文内容を考慮して、五つの章とA～Lの節に分けて梗概をのべておくこととする。

■志筑、翻訳の目的

『鎖国論』翻訳の後に志筑はこうのべている。〈鎖国の一件、本よりこれ大に義あり利あるの務たり。明君頻に起り給ひて、これ（ママ）事決定成就し給ふに至る。是また　皇国の皇国たる所以なるべし。検夫尓が意蓋し此の如し。……今予が此書を飜訳するも、徒に玩娯に具んが為にはあらず。我輩のか丶る得難き国に生れ、斯る有難き御代にあひて、太平の草木と共に、また上もなき雨露の恵を蒙ることのたのしさを語り出んときの興を添るの一助ともなりなんかしと、思ふばかりになんありける〉というのである。いうなら検夫尓による江戸時代の〈鎖国〉への賛歌の論に感動しての翻訳ということである。この点は、『異人恐怖伝』の黒沢翁満も、〈此書は蘭人ケンプルが口より正しく我　大日本の国風を天下に比類なく善き国風なりと讃称へ又御国人の強きことを是も天下に比類なしと怖れ称へたる書なり外国人の眼よりもさばかりに見ゆる〉（刻異人恐怖伝論）とのべているところと相通じる。〈異人恐怖〉はむしろ幕末の攘夷運動、世間の風評にひかれての書名でもあろう。

第一章　鎖国の是非を問う

■Aの節（一九頁〜一二三頁）

〈鎖国甚其理なきに似たり〉という論を提示している。〈同好通交は人間の宜くあるべき所〉という。世界の国々は、〈通交同好の要枢（枢要）〉なこと、互恵をもって本然の姿とすることであって、〈天上最上歓楽の地といへども、悉皆万殊其前に備へて具足することはなきもの〉という。

一般論として鎖国を否定している。

■Bの節（二四頁〜二九頁）

右の鎖国否定をやがて、日本での鎖国肯定に転じる。〈巴傍尓(バーベル)言語紊乱恐るべきの時〉を例示し、〈従前いまだ同軌一体なりし人民をして、其密交同好を破りて、従来離散し……同語なるもの相親て、隣国の異語をなすものを悪み、又は其栄を妬めり〉という。そしてついには、〈相殺害し相搶掠し、全国を転じて荒原となし、無人の境となし、さしも高明なる宮殿寺観を破て灰烬となし……怖しき兵乱、さては惨刻不仁の事、併呑侵奪の業の如き〉好ましくない事態が生じた。さてしかし日本で検夫尓が目撃体験したところ、日本が〈地勢有福〉である上、〈最モ慶賀すべきは日本人の一流にてぞありける。……太平の沢を受て、異国の人と通商通交せざるを以て患とせず〉——検夫尓はいよいよ、〈日本と他国との差別を明白にせんと欲す〉と鎖国の優位なる論を展開する。

第二章　世界の中の日本とその国民性

■Cの節（二九頁〜三一頁）

世界における日本列島の位置を示す。

日本の自然環境、条件と関連して、日本が〈衆嶋の惣体〉であり、〈許多の湾あり峡あり、又遠く地中に入来れる海ありて彼此の地を隔て……東方（極東）隔絶の境にあり、造化（自然）また是に恵むに、勝れて暴猛危険の海を以して殆ド行て到るべからず、攻て克べからざるの地〉と、四方を海に囲まれた日本列島の良さを指摘する。ここでよく知られているマルコ・ポーロ（マルキユスポーリユス）の日本（ジパング）紹介により、はじめて日本が欧羅巴（ヨーロッパ）に紹介されたことをのべる。志筑の解説的記述もみえ、彼の教養というか世界史的な知識の一端が垣間見える。

■Dの節（三二頁～三五頁）

日本の都市、とりわけ京都と江戸の状態を紹介。〈其地の衆庶（人口稠密のさま）なること言語も及ざる所なり〉と世界有数の都市づくりのさまを披露する。おそらく検夫尓が商館長（カピタン）の参府——元禄三年（一六九〇）九月来日、二年余の滞在中、二度参府している——に同行して、その旅行の経験による見聞があずかっての記述でもあろう。ここでも志筑は、世界の人文地理的知識を披露している。亜夫利加、北亜墨利加、莫臥尔（モゴル）、墨是哥（メキシコウ）、魯細亜（ロシヤ）、払郎斯（フランス）、伯尔斉亜（ペルシア）の各国の各都府のことを紹介、Cの節とともに、当時として志筑の学識はすばらしい。志筑は天明二年（一七八二）に、世界地理的記述、『万国管闚（バンコクカンキ）』を、滞華西洋人宣教師、南懐仁（ナンカイジン）の著『坤輿外紀』なども参照して、二巻にまとめている。写本として流布。

■**Eの節**（三五頁〜三九頁）

日本人の国民性と、気質について実例をあげてのべる。〈日本人に一箇の気象あり。我これを名けて胆気なりとやいはむ、英勇（マヽ）（英気）なりとやいはん〉といい、おそらく〈切腹〉のことであろうが、〈其生命を軽賤すること斯のごとし〉とし、〈内乱の事跡に於て実に駭くべき事ども充満せり〉と、日本史に登場する人物をはじめ、源平の攻防や盛衰、またいわゆる浜田兄弟の事件などもあげる。〈愛憎栄辱の際に当て同僚相扶て末孫に至る迄是を守りて、曽て得る処の怨恨の連趣をば、子孫受ヶ引て互に仇をなして、両党（源氏と平家）の一を滅し殺し殲（皆殺し）に非れば多くは止ず。凡そ其民斯の如きの風俗なるものは勇敢決断虧る所なるべからず〉という。

第三章　外寇・国土・産物・学芸など

■**Fの節**（三九頁〜四三頁）

外寇と日本の安全国家である点を歴史的事実をあげて語る。そこには日本武士の生き態を示している。桓武天皇の御代に、〈大韃靼の無庭より大軍を挙て頻に日本の浦に打寄たり〉といい、これには〈神の選て本国を救しむなる日本大将田村麿〉の勝利のことをあげる。その二として、後宇多天皇の時の蒙古来襲のことをあげる。〈日本の浦に来にければ風暴の厲しきにあひて、是強大無敵の軍船および船中なりし軍士、悉く打砕かれて失ぬ〉と。〈日本の地自然に堅固にして今に至る迄外寇の恐るべきもの極て鮮し〉という結論である。また検夫尓が実感した日本の武士の、〈戦場に在て謹審、勇敢、謀略虧る所なく、軍法に在て次序乱る丶ことなく、将帥の命を聴に於て悦び進みて其宜を失ふことなし〉とまさに尚武の日本を語る。そして、人民にあっては〈常に高名なる古人の大功美勲のことを服膺して、戦場に勇むの烈しき志、および名誉を好むの懇なる心を養育すること甚ダ親切なり〉という。さらに家での父子、児童読者のことにまで言及。また〈日本人また兵器の宜しきに乏しからず〉とある。これは寡聞にしていささか疑わしいが、日本刀の〈一刀にして人躰を両断となすに堪たり〉とは正しい評価であろうか。現代、アメリカ文化人類学者、ベネディクト女史の『菊と刀』の江戸版ともいえる巧みな考察であろう。

■Gの節（四三頁～五〇頁）

日本人の国土と産物について。〈日本人よく勤励し又よく艱難に習へり。鮮少を得て足れりとす〉といい、〈其人大に礼儀作法を悦て極て其身を浄くし、衣服を純粋にし家屋を精密にす〉と日本人の良さをのべ、〈諸国土の肥沃にして嘉すべく楽べきは、北緯三十度と四十度との間にあるにしくはなし〉と、日本列島がまさにこの四季温暖の地帯にあることと、それが鎖国を可能にしていることを説く。〈鎖国より以来、造化の良師かれに其術を教へ、かれも亦覚知し、大に其土地所生のものを喜てこれを以て堪ふべし〉とする。自然の恵みがあり、自然を良師としてさまざまな生活の術（すべ）を日本人は考えている。そして、〈彼此各嶋の産物、殆ド全国に供するに足ざるものなし〉と具体例を列挙、当時の日本列島の海の幸、山の幸を列挙し、さらには〈医薬を求んが為に外国に出すことを須ひず。扨また百工の器物をいはゞ、修飾となく有用となく其物に乏からず。……豈唯に能者を外国より呼来すことを待ざるのみならん〉と鎖国の日本は、地球上の位置といい恵まれた産物、さらに日本人の勤労と巧妙な技術を賞賛する。とりわけ吉利支丹やオランダ人の報告書にもあるが、〈其紙楮皮を以て製す。支那人の竹または綿を以てする所のものよりは、堅勁にして色白し（註略）人家修飾の漆器を見るに、其美なること実に驚に堪たり〉とみえる。こうした日本の産物加工によって日本人の生活が鎖国を支え、可能にしているというわけである。果して日本人が、〈其気象に韃靼人の威烈猛悍と支那人の恬淡穏和と相合せたる所あり〉と断言できるかどうか（検夫尓の韃靼人云々は未詳である）。

▨Hの節（五〇頁～五六頁）

日本人の学術・医術・法律（刑法・裁断のこと）など、西欧との比較を考察する。しかしここでも日本人賛美の言がみえる。〈日本人の善を勉め行を潔くし、および仏神に事ふる外儀の務、何れも吉利支丹（検夫尓には吉利支丹と切死丹の区別はみられない）等が及ぶ所にあらず。魂魄安楽の事に在て心を用ること大なり。別てよく罪業を懺悔し、殊に未来の福を願ふ、豈また教を異国に受ることを待ん〉と。日本人の学術についても肯定的で、〈窮理科〉〈審定の学〉（哲学類もふくむ）には弱く、〈深奥を尋るの術に疎し〉というものの、〈徳行科の如きは大に尊重し、……孔子の恩沢によれりとす〉と、〈人倫に弘通せり〉とのべる。さらに、〈数〻日〻の湯浴は純粋奉神の一道とし、且は天性清浄を好めるに任せて大にこれに心酔す。……日浴の外、又其地に善良なる温泉あり〉とここでも自然条件の良好なことをきわめて正確に観察している。
なお、〈日本人刑法裁断の事を熟知せず〉という非難に反論して、〈我を以て観れば我欧羅巴人もまた不能なること彼に同じ〉と評し、〈其国刑法則令殊に勝れて、且また是を守ること緊密にして違ふことなく、小犯といへどもそれが為に重刑を設けたり。……日本人何が故にか鎖国の義を決定し、又如何してか鎖国の事を成就しつるといふことを、知しめんが為に〉といよいよ鎖国の真義を語ってあくことがない。以上で〈鎖国論上〉は終る（『異人恐怖伝』と上下巻の区別は異なる）。

第四章　鎖国を決定した理由・原因

■一の節（五七頁～七二頁）

ここから〈鎖国論下〉となる。日本民族の日本列島への土着のはじまり、天照大神よりの〈神孫名流〉の小史をのべる。〈群下をして尊敬して人倫の類に非とするの心を生しむ（しょうぜ）〉という。戦前、天皇を〈現人神（あらひとがみ）〉といったのに通じるところであろう。神武天皇をはじめ歴代の天皇とその人柄、足跡を通考して〈天皇像〉を素描している。〈世間帝〉という新しい呼称を訳出して、源頼朝など〈将軍〉の政治について評論する。秀吉（太閤）やその跡をついだ家康、さらに秀忠、家光とその政治、政策など事跡を略述する。とりわけ秀吉について、その国中の強大な諸侯も降伏させて国内を平定し、さらに〈高麗征伐〉なども計画、これは失敗したが、〈国家の治法〉を新定して、国を〈堅固長久〉にしたという。秀吉の後、家康がつぐが、〈尓来其子孫連綿して常に国を領し、謹慎と洪福と交〻相扶て治を成し、御先職（ママ）名君の基本を守り、其轍跡に従ひて遺法の厳猛なるを奉じ給ふ〉という。さらには将軍の〈思慮明鑑の間断なからん事を要〉して、異国人の国内に持ち運んだ風俗が、〈国中を変乱するの第一なるもの〉として〈カールト（カルタ）〉など賭博や決闘、衣服飲食のぜいたく、その他、〈諸の異なる荒淫の業〉を〈善良中正の道を修するの障碍〉とし、〈一定の治道国家の和平に害あり〉などとし、〈永久不易の法〉をたてて、〈国当（まさ）ニ鎖閉スベシ〉と鎖国を決定することになる。

■Jの節（七二頁～七九頁）

鎖国断行――根源的で最重要なことは、切支丹の活動暗躍にあった。そこで検夫尓は改めてこの点を吟味、検討する。〈日本に固膠してこれが害をなすの甚しきもの〉であり、〈此俗傲慢なること、日本人に劣らぬものなり〉として取りあげる。〈国家の恐懼不安の基〉とし、〈若も吉利支丹を其儘にし置て、其数増加するに至らしめば、再び新に禍乱の根源をなして反逆の時節を得んこと、甚だ慮るべし〉とのべる。いわば〈波尓杜瓦尓（ポルトガル）人〉の陰謀を壊滅させることである。こうしてまず太閤、秀吉が〈鎖国〉の必要性を遺命して死んだ。このように決断するためには、ことに問題となったのが、二つの文書（書翰）である。一つはポルトガル人と戦争しているオランダ人がポルトガル船で発見したもの。もう一通は日本人がシナ広東で取得したもので、〈ケイヅル（将軍）の殊に驚きまし〳〵ける〉書であった。加えて、〈耶蘇の官僧〉の不遜無礼な振舞があった。

ことごとく〈国家の恐懼不安の基〉が明白になったのである。

秀吉は国内にいるポルトガル人の国外退去を、日本人で国外にあるものの帰国、〈吉利支丹教を奉ぜんものは、立所に誓を立て改べき事〉などを遺命した。切支丹を奉ずるものたちは、〈惨刻なりける獄吏が発明しつる種〻の呵責の具〉でせめても、〈比類なき堅固不抜の気象を見して、其敵たる人をさへに、是を見て驚歎するに至〉った。徳川秀忠の時に、〈比類なき猛烈の気象を以て、三万七千余の吉利支丹を屠戮して、一旦に国中吉利支丹家の残党を殫ぜり〉ということになった。さらに島原の乱をへて、〈日本国中悉皆掃浄してより以来は、土人(日本人)に於ても異国人に於ても四辺恆に鎖閉せり〉という結末になったのである。志筑の論評もあり、彼自身も切支丹に悪い印象、反感をもっていたようである。何か具体的体験でもあったのだろうか。

第五章　和蘭・シナ・日本――洪福至上の国

■Kの節(七九頁〜八三頁)

和蘭の東インド会社は十七世紀より日本と通商、将軍からの許可書(御朱印状)も得ていた。そして二百余年も唯一の西洋人として日本に商館を構えて日蘭交易に従事したわけである。しかしこの商館という和蘭人の拠点も出島という牢獄に比すべき一隅でのごく限られたものであり、彼らに対する幕府の監視もきわめて厳密であった。しかも日本にとって必ずしも〈和蘭の貨物〉は必須のものではなかった。またシナ人も日本人に古代より芸能学術を伝授した恩恵ふかい国であるが、シナで切支丹を許可し、かつは切支丹教義の書などもあって、〈日本朝庭の憂〉となり、和蘭人同様に長崎の一隅のみに居住する処遇に決定した。

■Lの節（八三一～八五頁）

〈国家全く鎖閉するに至り……帝王の所期所計に於て、妨をなすべきものあることなし〉と日本は鎖国にむけて盤石の固めをなした。琉球・蝦夷・高麗および辺傍の諸嶋、いずれも、〈日本帝を尊て君長〉とし、〈一国を挙て、礼儀作法の学校をなさんと欲〉して、現将軍、綱吉は〈御先祖世〻の善心美徳を承継て〉理想的な政治を行い、人民は、〈才能勤励万国に秀出〉、〈最勝の境域に居〉るなど、日本人と日本、とりわけ徳川氏の政策、政治に最大の賛辞をつづる。まさに徳川氏治下の日本、日本人ほど和平静謐の恩沢を受け至上の幸福を得るときはないという。訳者、志筑忠雄も、これに共感共鳴して、〈我輩のかゝる得難き国に生れ、斯る有難き御代にあひて〉と論評している（約三丁に及んでの長い評言で、発言も注目される）。

Ⅱ　影印篇

〈表紙〉

〈見返し〉

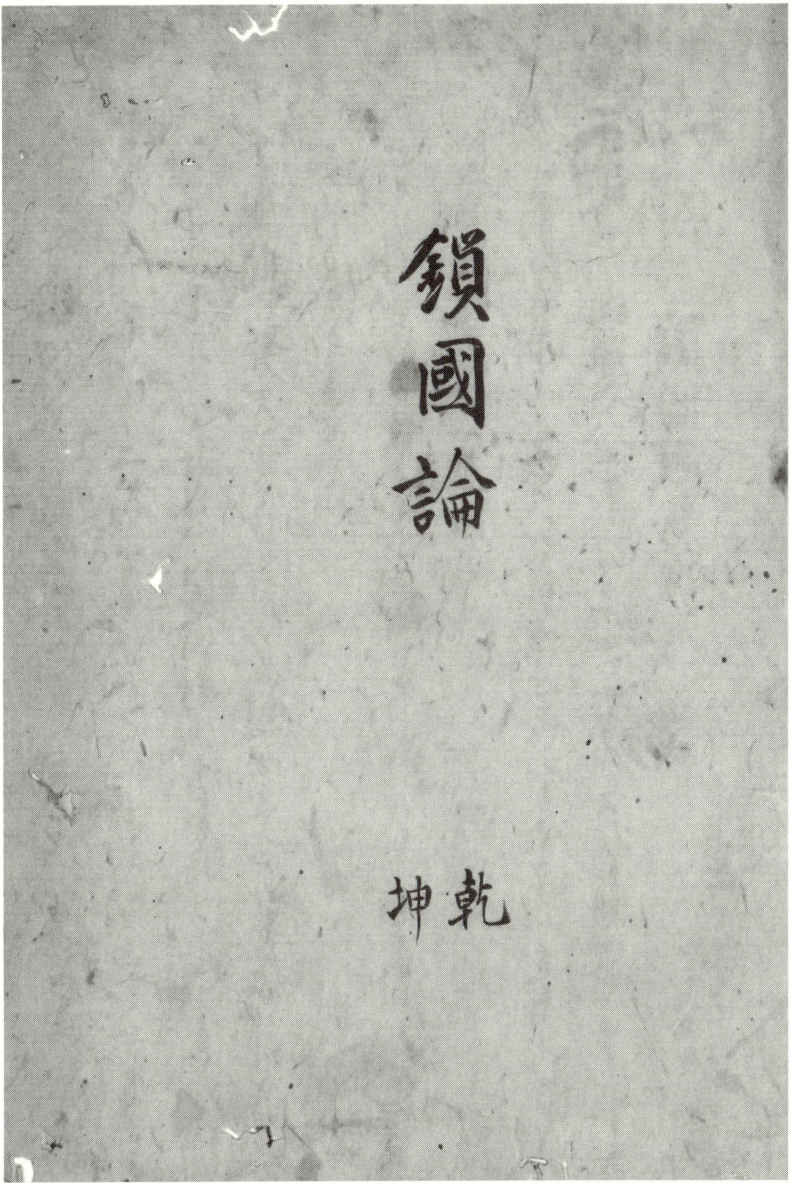

〈中扉〉

〈中扉裏〉

鎖国論譯例

一 此書ハ西域の人エンゲルベルトケンフルが往年我国ニ渡りて見聞したる所を集して著したる日本志の中より今普通ことして国を鎖し所有を今時に撮出し採て第十八の巻としつらねたるもの也 日本志ハ蘭学の謂ゆる ベシケレイヒンギハンヤッパンといへる書なり

一 書中例ニ検夫尓が自注あり 蘭書にて経文の注とし書のあるハ〔字し〕此のごとく前後に小字の形をなして其中間に記せり此方に小書するが如し 今これを訳するに注と混雑せんことを恐て 欄外に其首毎に 検夫尓自注の六字

〈1オ〉

をかふることのなり
一　書中の五言對句のやうなるものあり是ハ詩文の語なれとも詩学ニ
五言七言なんどの事あるにハあらず只五言の語を無数ニ五似
よろを以て詠詞の語ぞ一二を添減し思慮をのなくさむもの
みなり是を以て詩学ニハ詩ニハ額聯あれとも今是書ニ載る
又詞の語なる故額聯と見へたると
一　漢字の字ニ音のことあり然るに和するに國字のこと旅ニ
我國の人各作る所其音を以て記せり今是書中地名
人名の類を作れる所我ハ和字を以し或ハ國字を作れることあり
蘭字の音ハキヨモリ　ヨシツネ　サツマ　ヒゼン　なんどあるに分明ニ
せんれハ源平盛衰記義経薩摩肥前なとして書ハ和字を以て記

〈1ウ〉

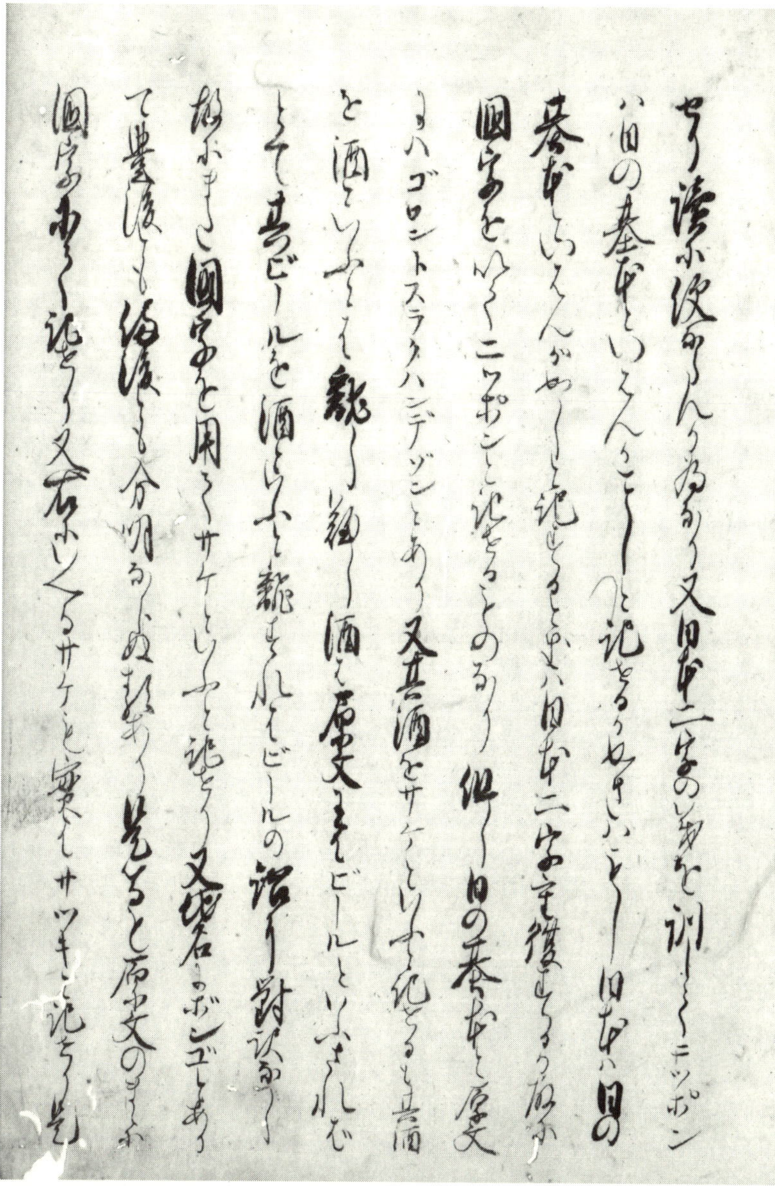

〈2オ〉

まゝ原文の趣ニ従ふあり

一 此の文ハ平假名（ヒラカナ）を用ひ蘭語蘭音ハ片假名（カナ）を用ひ且清濁抑揚をさゞしんが為なり

一 此書ハ本ハ須國論として題號となし又上下巻の別を為し是とするハ此の書が假り設ぬるなり

一 此書を読んで先ず世界の四洲なるを知るべし四洲ハ亞細亞（アジア）皇國支那暹羅印度（インド）ハ其等韃靼波爾西亞（ペルシャ）國ハ亞細亞洲の中なり魯西亞（ロシヤ）ハ入本國の本國都兒格（トルコ）の総熱尓馬泥亞（ゼルマニヤ）國和蘭（ウランダ）波爾杜瓦爾（ポルトガル）國等ハ歐羅巴（エウロッパ）洲中なり歐羅巴ハ亞細亞の西ニあり歐羅巴の南ニ亞夫利加（アフリカ）洲あり此地ニ莫爾格（モロコ）國莫諾（モノ）

〈2ウ〉

木太彼亜国（モタビヤ）なるあり欧羅巴より西北方なり亜墨利加に隔あり此地
多くは欧羅巴人の為に押領せられ総て亜墨利加諸国となりといへり加
て東すあり地球渾円なる故なり又赤帯とは天の赤道の下にと
地の赤道なり天の南北極の下を地の南北極とし赤道より二極に
至る各九十度にして赤道を距ること南北各二十三度半の
（黄赤帯といひ二極を距ること各二十三度半の方を）
方を何れも寒帯といひ其二帯の中間なるを南北何れも正帯といふ
一帯二十二正にして寒帯なり緯圏と北緯（赤道より北を差して）大隅薩摩
の海上近きなり三十度なり漳州なり北緯三十度なり此の正帯中なる
地なり

一
怕亜之儀原本月既七醜

〈3オ〉

〈3ウ〉

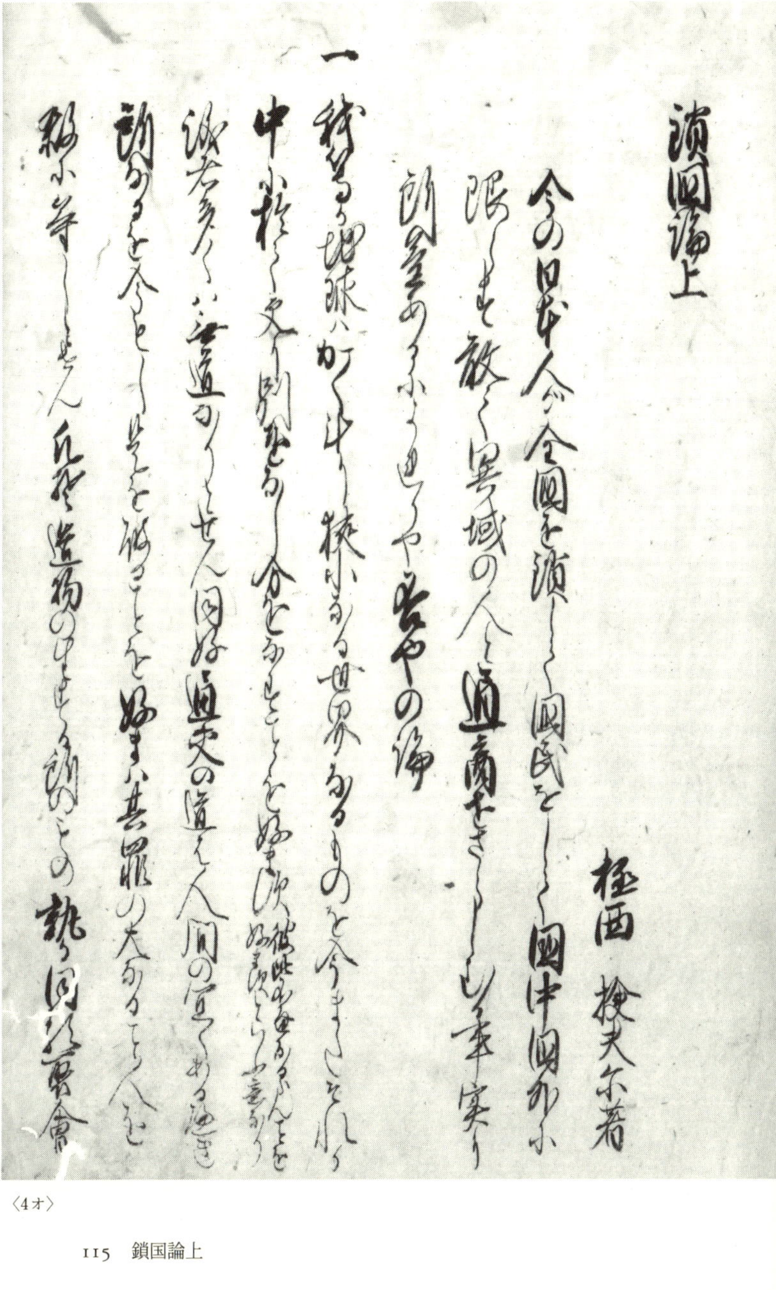
鎖国論上
極西 検夫尓着
今の日本人全国を鎖して国民をして国中国外に
限らず敢て異域の人と通商せざらしむる事実に
所益あるによれりや否やの論
〈4オ〉

道交といふことを破せさるは仏法に此儀は皆背く論議を立る人々ありとのは実に
道理を失ふを歎く蔑視せることの如し挙世は唯一の日帰なと見侍
一の地句を論して又かしこ中間之の気あり呼吸として天地の稀為り
設る所の節度道理の輝に世る所の法則一としして道交
踏その道に関係をなすことなし今是に於て鍋蓋に多くと
若ふんやハ言て人をしらしむる鍋蓋の路にて異域に化過させる所の者さらんやと知り生まれの天心の妙用
自生を分別せさる所に我體中に立て至尊たる所の神魂を済
形體と一和せさる所ありしやせん言て神魂を捨別るに人には形體を離せして神魂を返すを知るの
理とあらゆる今其形體としして明り一回の中に円周をしめして
とや
於てしし神魂としてし何も殊邦異域の奇説妖言に恐りし

〈4ウ〉

此ことを悪まで可なりとせんかの政界として全世の天際に至て
此儀の為ニ大に競ふが如し　言く諸界ハより周遊して其行をと争ふかの如し伺教を一派をと守らんと
例学者多くハ諸界を巡りて諸界の体を悟て贈遣らる善物
異邦の境にまでハ其此の総て見ゆる各一世界ハ少しく隔るの
又情ぶの荒れたるものゝ天恩を経歴せるの道を知らぬとの
行く経歴しせて知らず総て地球世界の来往して治あまねく
其自らの荒たしく派りし宇宙ハ大海となるの分れしヨブ然合やく
ましきの各盧の異人を知るべきからなましく此語を以てるハ我国りのさいしを
御座の人蒼穹洒雪の小名を続ひし敬し尊大旗律
ニる上の其を立んて是べくもあり其種の惑悪動慈の乍前なる

〈5オ〉

こゝに住して深く決定しぬれハ所謂かくのことくなれハ此事に於て轉の天
上よりわれハ辟易へハ法界城の地よりまかるゝ此と天際法海の大氣
二三る道にしく中間に消息して世界縦横に通りゆくこと
能と決定して此の世くつ海の世界なるをかくて觀念せハ法界に往
めぐらん在せし縦横色々異種異形殊に為らんと見給
決定し難かくさまの道理なるを見給ふ所あらハ法界ならす見よのみ
ふかき時ハ虚空の道理にまさる事の心まかせならハ心を為す度
─縦に逢ハ觀ずに合かの形像至心の道場の因縁
因縁なるをかくて出て生を流転にしゝ若くハ縦横あれハ
此の法の世界を其りしく因に住ハらんとの八辟易へても一城の

〈5ウ〉

国々国君ある民の如しさらハ宜しく和睦して互にあるべく

乃至千万年に庶ハ千事を破らんこのあらハ実上の罪科なるべし

こと其地形自ら明白なり取まき別て邦域をもつて境

山川を設けて人民の居所を分堺を立悪しきをふせぐ

ほとさらに世界して人民とし各皆相遇して一體と

なりぬ色々かはれる国土の異なる億にして千万物の諸種あり

種々の食物あり種々の金宝あり天下一統の楽の化以て人を

慰楽なす殊に其国に偏へて異なるとハ各なきときハ其地の他あり

此有饒禾稼彼有美蒲萄印度出象牙沙巴

産名香 沙巴地名

〈6オ〉

法ハ人倫互ニ救助をなすの切用のことの是非を度交国好の
要樞なるものなるにけれ然ニハ今の日本人ハ国家ニ此の天経を
破壊し顕露ニ此の天心を軽侮し妄りニ天の網を遁る
国好の法則人間一日もなくてあるましきものを殘ふにあれ
夫西何でか正理ニ違へりとし、又何でか罪あり中ニあらとせん
賊りしを国中を禁し通し外国通商の人と交易を渡しけると
を愛し乃至今年ニ至るまで親しむものあれハ漂して拒み遣帰
夫人を境内ニ禁して給ひ獄囚の如くし暴風難破の為ニ異
国の浦ニ漂着しあへなるのことさへニ異邦を見しとて民ハゆるさ
ハ生涯牢獄を国ニ囚ふるとして逋逃のものを捕へ及ほさるゝ如し

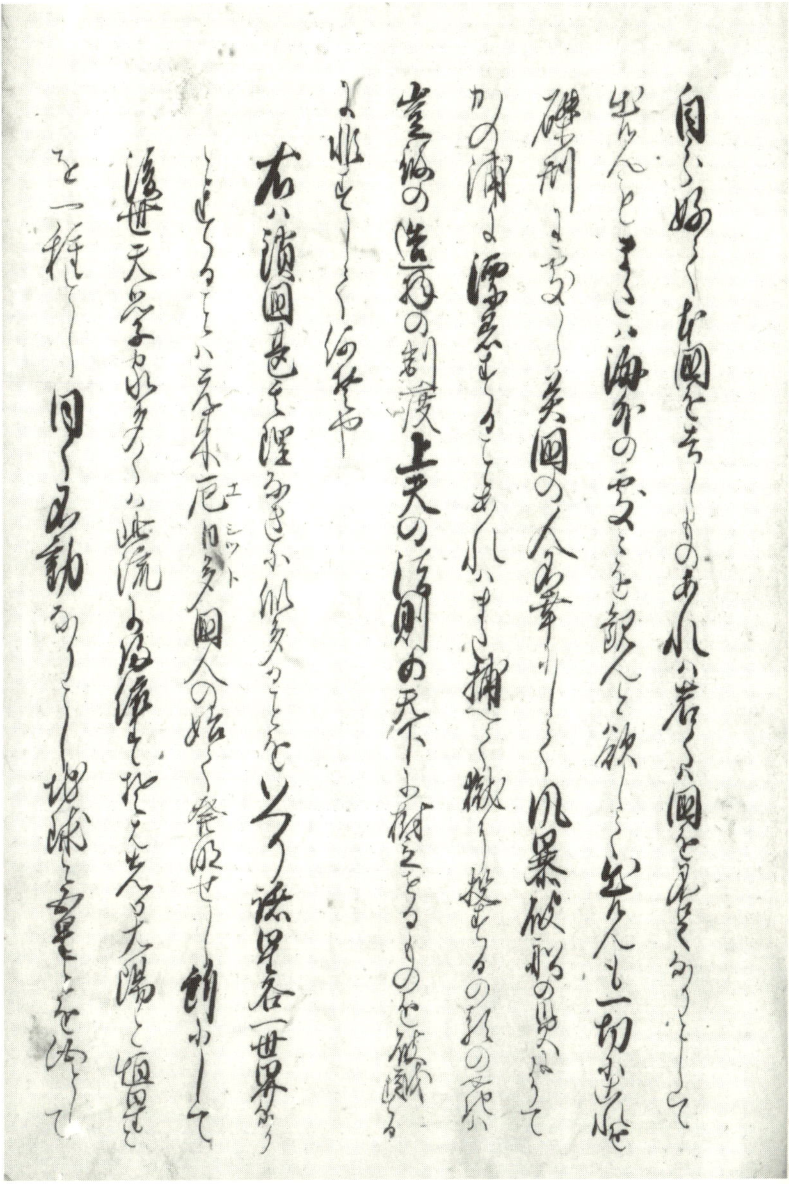

〈7オ〉

故ニ太陽の外を繞るとして世界の數皆各ニ一世界なり
といふるよしなり東西のことも天学書ニ見へて是を論し
あれハ今ハ略しはへりし本の中間りうへきる字句の文をし
原文ニ羅甸（ラテン）語を以て記せり前の二句ハ古の詩人ヒルギリユス
が語なり其つけしと見へたり今スヘルト欲す羅甸書ニかくして
従ニ大意を翻しぬれハそのまゝなれとも原文の意巧精密の事ハ
まりうるハ予が筆の拙きを窮し詞ニあらハしかたし沙巴ハ福亜刺比亜（アラヒヤ）
國の中なり
本條天下を一體同様とよむ人を觀するの論文始ト説云
當世の言多分撿夫尓次の説をとる人々は常ニ先ツ廣く出れを

〈7ウ〉

挙りて次の版ハ乃ち検夫尔が撰訳の論なるべし自問自答の如し
一 今称呼ふる諸蛮人と雖も諸邦の外の異人が当今の国法にて
渡来通せしことを故あるを疲に容を絶して禁ることを禁するの論の實理に
叶ふ然るに漢学の智士の異見あることを悉く察しつれハ聖しく議論
各国の辞説非誹を掲揚するあるべからあれハ推して皆其人々の意に任せ
絶えしても新しく皆多く諸説を論じ絶えし新説を論ずることを止ず識
我教ハ七人ことを許してより鎖国より理学の学あり新説起り
新教多くあるなかにも思を傾け信して今鎖国を球の内外にて
往来もなく外人異国の異風の淫俗を伝ふることも造化の霊妙
妙用に於ても坐して新知しある一面の地ありて終に一種の

〈8オ〉

民を容るゝのみならずしかしく稍ゝ許多の俗を受るに似たりしとき
は雑多ス其域内殊に河あり海あり連山の周繞せるありて人民
の異なるを見るとなせるを見る又各別なる年時の變換の土地と称して各
俗をもしく各方に土住しく自守自保をなさしめしよある
を見る因て天既に巴爾言混乱して合きの時に甚くかの
従前いまだ国執一躰ならしく人民散して其変更自好を施して従
来雑教して各業をなして各地と保護となしてあるよしもあるよしもの
皆其頭好新朝の統しもせるてあるの確乎多る明験と示せるに
あらずや 此の事は小注にて 後に於て人民の根性化して居るが故に彼等
各方にて稀く漸く一躰となりて石国（王国）の国経を定るも或は国好合の

國を治め次ニ及てハ自然ニ国治るもの兼親く佛法の異端を兼須、
りのを悪み又ハ其弟子を始めり外国之主の国より国家合一ハ諸宗合
事ふるをいへるの別有の邪法ハ破る別ちしく全般しく一箇のもとこゝく
其基り今の人主の第一の天然の封
界を補く地と之を訓服を廣大にましめんハ之他ニ移く此等の
縦親を平安ニ治め勝の驕動を治るに望あしきるの安ふして内乱
外寇治ふ起らく却て其国君子の制向を先ふて相ゝ立よ
又国政合一の国の法大るふ其のに之て長上ふ事しめるに諸俗為合の
力を助けてるにある以て廢下の諸國政法格別にして年も互に
精忠の心を積りて其を助く之と法大るに其のに淡る民
と卸く速に遠化して令後に是も小一切有國の其を

〈9オ〉

従ましか八住民令く境域の内小海足しく露くりと他人国
有の地を相ぶ心をもとものの道理ある心ハ欲、此の如るときハ史冊中も
能く府まし代後過まときハ衰るり府去る人この事のみ元後
ることえるへしまず能ハしも五数害しお捨掠し金固を輸し
て業家しるへし西人の境をるへしさしも云ハ明るり宮殿寺観を
破く一時焼るへし誰惣とるもの我々不浄多の師しきと大変
師しき乱さくて修刻か仁の華侈呑侵奪の害中の如き
人間一切等るとしるへしてと能あつる後しさぶて又他害く
其代を害ミ新く逸荒の地と開化好く諸学諸芸と隆く
しく遊ぶく芸道を誘へし帰く謂述と事とし格観論示

〈9ウ〉

りて私事を企て貪りて奢を貴ひ恩を背するの不廉恥を
以て事を商ふの賤しき性を以て富貴を得せるの不粗害を
好て想して自ら此を分て其外に偽を作て法度を犯し
国家の法綱を守護するの不足を救ひて家々の党を荒廃せさるは
日本人の一流にて生れなからに国體の内に其のみ法度を
受て異国の人と交商交せさるを悉く其法禁何そは
切禁有様にして其国の事に分てすらも境の外に出されは
我日本の万国と交商交せしむることを好すれは偏に今の切用
このもとに万民の為とすれは日本切用のものを足し得しめ
須ふかし先後をしもして後時もかの事来し異国よりの物

しく道てハ又花奢の風を止め人々を務めしむるハ諸々の産をまもる次
民を富まし其ゟ務めるハ實務なり
花奢を止むるハ大きなる事を止むる事也
刑法ハ将として国體を理治せ人々を務めしむ
各国の治法亦其中ニ存して教法ハ我心意をして安全治国和楽ならし
所あるなれとも
犯人ゟ為なるなり
各国の律法所存
しこ事あるなれ
学術ハ神法根をして陰制すなり
しめ人ゟ為なり 器械ハ建用の為又ハ民の便の為なり 経々の法ハ
衣服をかつし人ゟ為なり 飲食ハ人ゟ為なり 医学ハ神仙延と保つ又ハ
性徒ハ治せしめ人ゟ為なり 是等ハ諸般の学の国人ゟ之を為すの所なり
まかせ務めし今ゟ一箇の世なり 道化ハ行ハれ
実見の法を研究し一切の技術理用の活用と其へ施して
然として人の勤労なくして国富強大ニして世界に光顕するに

〈10ウ〉

あるなり此ハ各〳〵其地勢の宜しきに隨て國數と疆界の廣に
纔に縮まりてもまた雑きよある欲して且又國人の勢力勇氣に
國又窺覦の念に絶して其國の為に渡海せしむるに足らぬ
爲にしたがひあるハ傷ひあるまじきの異國の奇巧器械と
用をしも甚よりも高愚なる輕忽放恣の
風になりぬるハ詐偽論争鬪諍の害を免れんと欲ば唯小論の害
然なるもあとも是なり況にして大に其國の利益を損ふべし
然る國にハ出来りしもあるに事に又此とく世に知れしむ時に
まことあらしむる續今世の光花をまし長事を速く崎小日本とし
他國との差別を明白にせんと欲まし

〈11オ〉

巴清尓(バベル)とて巴毗盧(バビロン)国に巴清尓塔とて三高塔あり今もその旧蹟
として山の如くなるを以てなり太古ノアグといへる人の時天下大洪水あり
ありて万民悉く没溺して僅にノアグが一堂のみ子男を
免れて巴毗盧の辺に国を為して漸々に繁栄し為り
りて後大洪水ありし百年中にありて諸業の為めや之
言葉と振舞とし別々に各民所に流業を別て各自身に言語を
殊にして於今一体となることは能はずして其上力所々に持て所に
各々其党を引て分別して今数世として其大洪水八年暦
を考ふるにしては当尭之時洪水横流即是なりノアグといひし
暦を今書に上古大師諸毘と何の其名なりアルケといひて奉る

〈11ウ〉

様の如くなるものを作りて港のうちを出入りしと
云へり古のアヂアの者セムを亜細亜の祖となりしやへツトを欧羅巴
の祖となりカムハ亜夫利加の祖となり亜墨利加をも又カムが
後なるよし云へり初めて欧羅巴を出て今の諸世界に諸国が
後なりと思へり巴比斯国今ハジョーロとや国と云へり伯尔齊亜国
の傍にあり其遠東にアララツトと云へる大きなる山あり山上天気常
に温和なり諸邑のうちアルメニア今と称せり安羅ありと云へ
起こり古の一派も諸国甚此処にありしことを云へり遊商の事
今の称海を称して唐和蘭陀の交易あれハ皇国と云へども
猶を外国遊商のみきよるあらう欧羅巴の服より

〈12オ〉

見し小西義國といふもの書を挍組し唐和蘭陀の筆録あり
詳なり
一 ヤツパンとは人ハニツポンと云へり日の本なりと云んか如し即チカの歐羅
巴の東極く此國の事を記せし諸書の定紀する名譽の遥行恭
勿搦(ヘネ)祭亜(ヤ)國のマルキユスポーリユスかジツパンギーといへるより源は是等なり
マルキユスポーリユス 年游ふ涯ス 実ハ旅鳥の地録を拵して日本といへる許多の源
あり峡あり又遠く此津より東遠く海ありて彼此の地を隔てく
かりこれはましいて千船や王國大玻(ブ)里(リ)太(タ)泥(ニ)亜(ヤ)と喜(ヒ)百(ベ)利(リ)尼(ニ)亜(ヤ)と小似
多り一大玻里太泥亜を諳(イ)尼(キ)里(リ)亜(ス)國と思(ス)可(コ)齊(シ)亜(ヤ)國との地名分り此二國ハ 東方
一海分りて喜百利泥亜國ハ別海別して実大玻里太泥亜に属せり
隔絶の境にあり遥に隔たりても遠く思ひ小勝して暴猛危険の

〈12ウ〉

海を以して船ト防し則る色々也攻て来る色々さるの地勢なるを
堅せしむ是殊に南方諸国より渡来する海船周策の内多くは
これ暴浪逆風を犯せるの時なりし稀れの船なり不用意この用を
僅に少許りのみなるのみ巌石多き海岸に接せるに曲浪滞れ荒
浪せるの海を以して大船を置くに適せし唯に一箇の津港あり
て精美なる船をし容るに宜しこれを長崎港として艫も出口
極く容れ易く極めに渡廻をし渡路の舵師甚海の潮水
山礁沙堆なんどよく暗記し居らんとのみするにてもまさ通り
の危険なる所々しる此等の外更にまたよき港あることを知らず仮令
これあらんとも外人好悪の似を推して稀に出るてとなり

〈13オ〉

りん々ハ凡そ我邦の大洋を渡るの災害危難別して豪湾
流派の者遥にまさること多し 其の術を亦一挙に空しからしめ 古時
波爾杜瓦爾人
測しまさ補翻せざるの時となりしかば二艘の船と画して
其中の一艘甚だしく損じせしを以て 程し有余の挙を此
逆ありても 然も渡海之危難を常に思慮しつゝ 難ましむることを知らぬ
事し
歐羅巴勿爾朗察亜國のてルキーユスポーリユスといひし人 後世多
流速流元年生年十八にして本國を出て韃靼國より入て
キユブライと云る王の事へ其主の支那國を併せたる時に値

〈13ウ〉

して退きて支那に到りて寛永七年の頃積重して聞へしかし
其後印度を経て再ひ帰国せりしとして其ブライてしえの
世廻の名急に到りて史に具さの見へたるへし此のヘルキユスポール吳
の語にまゝして欧羅巴人初て皇国を知りしと云てジツ
パンギリ其訛謬の言なり

一　其地の繁庶なることは言語を容て謂なし况て其大の域にして
許多の人数を容ること殆ト躍なりとして思へる人もあらん
其諸大路の如きは村落城郭連続して殆ト一列なるか如く
總て其の一側を出れは即ちまた他の一郷に入る事まゝ数里を
經れは大抵ハ一條の郷市にあるか如くにして實に亂村の人家

〈14オ〉

せることを知らば此を併せ吉利加の都なりしを併せて今の合なりし
多くは州郡に分れてその居を其處に至りて又其地城邑多し
王者大なるゆゑ廣大荘厳にして風流廣なること天下諸國の冠たり
るゝゆゑに列國ありて其一をキヨーヨーといひてミヤコと云て其稱あり
都城をさしいへる首都といふなり　ゲーステレイケンエルフケイツル　元都といふ者を翻して漢字
漢字を借りて翻訳せるもの譯者の意なり　の御説多く縦ニ辰路一辰各我半辰ハ高ハ計り横ニ辰路
此り城下の難まで多く府整りて諸衛兵卒の劉其内宮殿
首正なりとす十七の圖と又よ國都按史に合ふ書中よ[illegible]京師の[illegible]又江戸と
とす有りて実に全國の首都なり　ウエーレルトレイキナイヅル呼び
いへり此を漢に通波の御説[illegible]にして其三十の説と又よ此世に[illegible]

〈14ウ〉

負みたる名訓なり城下の以なる君門より明らかに広く流
徐福にして大道を通過して明らかに道実は御身の霊
なりとは此書に終日にして筆を一方の家に伝るとて坐
ゲーステレイケンは仏法にて出世と云るが如し元ノ大世の義
なりテイヅルは帝號なり空ルルトレイキは仏法にて世間と
云るが如し出世帝世間帝の義を漢文にて言はゞ禮樂
帝刑政帝なりといへり按ずるに検夫尓は蘇亜斉亜国の使会
に伴ひて魯西亜国と通じて伯爾西亜国に到り夫より咬
𠺕吧に渡りて夫より元禄二年病醫となりて暹羅国
より我国に渡来し去る年参府し如是の事ハ

〈15オ〉

医卿なり

天下の大城廣都の江戸よりも大なるなくて亜弗利加都

爾格の内厄日多国カイロ城北亜墨利加の墨是哥城

なんどあるのミカイロ城大サ外郭より中央まて一日半

路ある城十二重の門ありて中ありて路をわけて道通あり

市なとも甚多る都会なれは墨麗沢なんどと甚多る所あると

ニクキールヘブレルといふ人の説りなりそれを天下第一の

大城とし次莫臥尓国の弁巴亜城を広大なるを次て天竺

のカイロと號していへり墨是哥城と国国払郎斯国の

道法なく三十里とコウランシツトルクといふ書ありて入ていへり

〈15ウ〉

紘二十六里余ありといへり是城は長さ湖の墨是哥国王の
都城なりといへり欧羅巴州の伊斯巴泥亜国より奪ひ取
りしなり今是国名をも新伊斯巴泥亜となづけり其外ハ支那国
の京城中城ハ少なれども大なる周囲都逸国の道法にて二十四里と
いへり紘二十四里八分あり人数六百万余ありとぞ更に払宗年
二十万ありといへり也多ありとこそ大方なる頃
なれ熱子丁泥亜国王都ウチーマシ城中城下に住む人数
六千万といへり然れども支那の十分の一なり魯細亜国都に
英斯哥都城周囲七里此は何国の道法にや知れども云ひて和蘭国の道法なり其納九里
中なりとそストロイスといへり其人の説には八九度路といへり九度を

〈16オ〉

微量弱かりし文王宝[illegible]属の外[illegible]九百[illegible]千六百余り
従臣は今の一倍半ありしかど一時カサンわざはひありて
の雑人誅戮して大かた殺合をしたり従来[illegible]大かた右の如くなり
但しストロイスと改名して立しを宮文の法の基ありて九星[illegible]
[illegible]說[illegible]の[illegible]ありし宮文の後[illegible]と魯細亜國へ[illegible]
兵部しれて今にまさし初の如く大かたなりし人も知る
くし次伯爾西亜國王都イスハンと払郎斯國の道法[illegible]
國周十二万里にしてイストロイスにして五百[illegible]路として払郎斯
土里に秋十里迄余りして十辰路[illegible]て都児格國
王都コンスタンチノポル國周意太里亜國の道法[illegible]十五里

圜國ニ於て城をと除けハ十二里として其十二里ハ都巴里ニ合
斗りなり是等の外欧羅巴の大城ハ意多里亜国都
羅媽（ローマ）拂郎斯国王都ハパレイス諳厄里亜国王都ロン
デン此三城ハ至て大なれとも羅媽城ハ国々意太里亜国
の道法也十二里を合して其城を廻るパレイスとロンデン
も大サ大概羅媽城の数なり右里数ハ何れもコウフヲンと
ワトルク人並ブ子ルヒより見て見くなりウエー子ン以下の諸城の
中最大なるハ伯尔尼亜国（バルニヤ）のイスハニなり其周囲
概十里に余りあるといへるハ是を円形の算法にて求れハ
全径三里三分斗りなり正径の全径を四里として求れハ

〈17オ〉

右の数條何連も江戸の大なるをさして長崎迄しるそと
如く説れとも右の外にも大坂なとをさへも此外にも江戸なり
大坂なとのは如何程をこそ答ぶるなり然れハ神国の帝都
江戸を以て天下安堵の外ありけむことなり
日本の論なり但し右等の事神国の道理ハ六尺寺と同し
し六十間を一町とし三十六町を一里と定るものとして
一日本人は一箇国の気象あり勇気を忠義気なりとやいふん
英雄なりとやいふ人態堅敵の為に討取られ打取られの時さへ
心無と恥て戦ふことに徒らの時にいたりて格林蓋起させて
みつから潔よきをかくることを称し世の人是を命を捨るなる

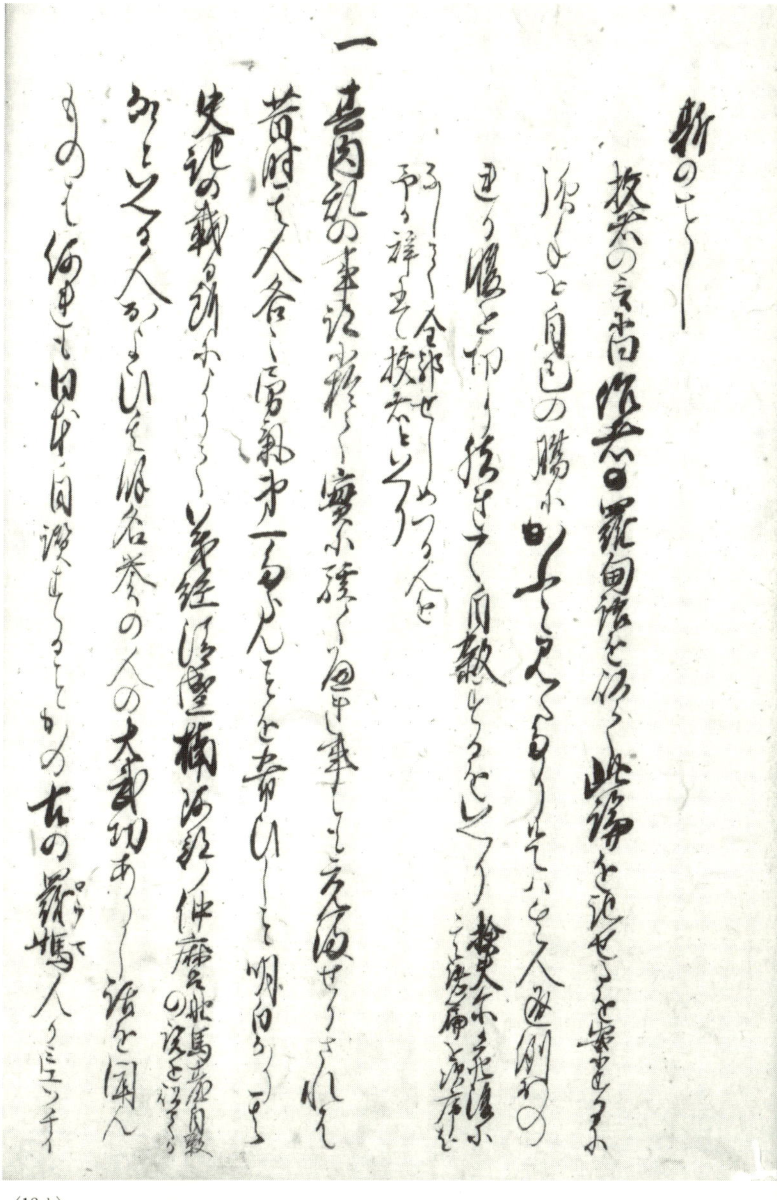

〈18オ〉

スラホラかよかひしホラツチイエクリテス　二人古時の哲なるか如くなりしをとも
賢者なり
須忽也自し古時あらく羅媽の人歌羅巴の内外を兼併せりしを羅媽の
代となり二千年間西面武功の事今に至るまで語り伝へし
窮尓深来秘り謎説せし所の世界の一途を出たる事至る
此の薩摩守卿の其徒なる七人の其士を異国に於て別て和蘭人の
前に於て其有の御とあそしまて経ありける其事是に
ころの如し而して今二千年　寛永十七年の頃なりける其跡とところも日本も
いまた此方の海路開かれす回人往来の地にしても法を定むる
通商せしにはあらすしかも一旦の日本の小利を人商の為に
台湾に於ける後に於て台湾の地に支那人に於て今に
至るまで支那の諸代又以て後たる和蘭人の地にして今南

和蘭舟将なりしピートルモイツ名人臺灣の刺史たりしか遺恨ありて
の事にや主り久甘の小船にて渡り来る日本人をも痛く
屑しておさなやましける日本人謂へらくおのれかれたのしみなは
ほうにねらひ先く禰君の恥辱をすゝきてあはれて國に帰りしこと
主君に對して大に親しき語へりける志しけき恥辱をかほ
大十ンバニイ　検夫爾自註曰南方の民をして總稱なり乃臺灣人といふ是して
和蘭人をして譯者曰十ンバニイ者南蛮人なり我國の南蛮人は伊
縣波泥亜人波爾杜瓦爾人をして
和蘭人とこれ紅毛人とは是を云ふ也　よ受て恥と思ひ報いて心得てかくなりける
禰にかの主君大に憤怨しけるに其衛士等曰我君よ君とし
禰ゐるより君の恥辱を報はることを許しのことあらば禰を氷く君の
侍衛ゐるを任かし我ゐる所くは海道者の血を吹て是に禰

〈19オ〉

と洪濤之波瀾の前をも怖れず、又ハ生あるを悲しむ事ならで
君子ハ随ひて追ふ所の四方をも甘んじる事ハ、我等の中にて七人
あるハ皆ぬ尽し、海路の危険なる艱難の深固なる侍衛の元
多くなる波が為に海深とならざりし者、世間でも我横暴の波利なる
五焼人彼等ハ南京人に我等ハ二ッとし、（検夫字自注曰南京人といふことなり又彼是を）
（いふ言ハ天が下なる世界の人といふ事なるべし 譯者曰検夫字何ぞ今くまさに亡ぶやも知るべし）なり 神孫なりしにして頻りに
候得求めて海の許容を頼みけり彼ハ實に大海の舟なりし
人ども謹審と用ることも又少なからずしかして前記を検案せんと企て
其を鏡しける艦海路行くにしても甚多く危険ならず 其史
小船し舟千一隻小舟を積みかへ検めらしく白金の箱なる

〈19ゥ〉

船に仕ひし衛士宮田猿衛門にあれは、之彼か刀を抜て威を
示し、傍にありし敵對すへきものあらは即時に刺し殺さんとし
ける勢の凄敷ありけり 然れとも一人も敵して彼か手を退けて
刺史を助んとて働き出る者はなかりけり
和蘭人は日本人をさしヤポ子ーセンとし、又ヤツパンドルスといふ
臺灣の濱、濱田彌兵衛事ありし其趣を之かハ東都の年代記を
こくり見奉、検夫余か云る處七篇に抜萃あり、一ことハ字に
違あり、併と大意ハよくしれへあり 和蘭人出て彼此の證を
取りてしく記しける所の本の事りし相違ハありぬへし 又文[?]
譯者とあ[?]始めあるいそ

一 受持守護の法に為らハ国法ニ拠て来歴より至るとし其こと
守りて治る処の聖賢の遺法とハ子孫ニ受つきて皇の統ニて
悪党の一人を滅し殺し職ニ此れハ多くハ其て此旅天民家の
如此の風俗なるものハ害政改断ちなるへし決なるへく旧来の国
権をも房し内乱かくくりるとハ本より諸民安堵を利とく
争ひけるを来由して四方人の怒を合み継業を渡せるの外深く
永きを知る処き一證ありくを話を聞かきし宗れも病ます業
猶し諸民の平家の名残とを根を抜に此れハ言ニ酒るなるを
来りもせし猶も平家一死を逆けれハ隆ニ枝合のみかりて
隠遁の地を求てボンゴ後漢をとりてや（豊後をとりてや）の中なる所し切れぬ三字

〈20ウ〉

来り居りける者遂に追返されて露顕しありしと
あり洞穴に住居たりかの者も其居所を深くかくせしと知りて其
明の人ハ今に各の儕人を殺せず却て探この輩に近かりし
とぞ
右の諸説も把捉の要のことをいふにも似たり
一 日本の地自然に堅固にして今に至るまでも外寇の恐るべきもの
極て稀し帝にハ抱して繋迄しけると其上君々隣国に利あり
天下を知しきさん小之男極之歌の浴民唯其国有の王君に事ふるの
かしましき男く此の令を聴てかしまし事斗あるの 植民
の御用に出て大難題の主席して太平を挙て頓に日本の

〈21オ〉

満州ホ寄りて 按史ホ自称韃靼と云ふの国々より千紀の広大なるといへとも かつ厄勒祭亜文ホ 亜歴山得 より 出さいて
此を或ハ一箇の川の三方ホ有りて此之有りと思へるハ誤也 歴史日羅馬の代の学者と厄勒祭亜
の代といふ厄勒祭亜語ハ其流の称號多く 羅馬帝の威勢強のゆへ是府ホ走るを
論するもの多くく厄勒祭亜文を訳しり其文稍和蘭文ホ 攻撃と云ふ大急ホして欲
払ホ此国より帝の学の修く読むいへ形ホもて
軍とへ向ふとも 済世と云ふく 甚しかる 程ホ 日本人ハ古風を退縮する
ことを発明りるり 千歳を経過ぬ 挑戦して 屡く 侵掠し
千有余年ホよりて 大ホ衰滅せしかとも 韃靼ハ自ら進て彩
軍を得らり途へく勢を助ける程ホ殊ホ五十年の久きホ堪へく持と
日本の地ホ在る勤きりけり 然ホ 七百九十年 延暦八年 桓武帝の守護
神の威力盛なりと日本軍の沈毅勇力と一斉ホ銳し 韃靼ホ
韃靼を擁き滅しさり 以前とるホもて日本の史ホ記しく曰ク

〈21ウ〉

検夫尓自注曰 [illegible]日本の大将の暴風雨の夜に来て其許多
一小舟して多くの[illegible]を渡来せり[illegible]
の舟 検夫尓自注曰ク 是其[illegible]力か 亡ぼし敵の水軍を沈溺せしむ其弱れる舟
の遂に本国に敗しとも有り日本大将田村麿[illegible]攻て来りて
敵軍乏しく国[illegible]し力を落し居たるを[illegible]大[illegible]
の[illegible]危き[illegible]し 後には退き[illegible]殺もなし 田村麿全く捷と
せしめ[illegible]して国に帰りて[illegible]大将軍の名を[illegible]と
その人に[illegible]て[illegible]の名に[illegible]十二世の人 後宇多の日本に
帝としてありし時 正二百八十一年 弘安四年 再と新の如くなりて此鞑靼
の君世祖 此時既に支那を取り又其大将モーコ 蒙古の[illegible]是は下将軍の事なりといふ
[illegible]と因て日本国を滅して其[illegible]に[illegible]の大部に[illegible]

〈22オ〉

さんて破れ是に於て所千其の大将より大船八千艘軍士を
将として援く遣しける　按するに自注曰支那の記に於ては十万とあり　然るに日本の浦に着
其時風暴の后しきりにありて是原大元帥の軍船みだれ
船中ありし軍士悉く海中に沈みて多く死せけり其日本
いまだ死にざるハ攻られけるにハ大に敗れ又是より後是を
日本人の識し帰て観年をとして是原大元の二度の役
せしに三百の兵ハ叶ずして日本人を天下に　[illegible]
なりしく謹審寛放法器叛く軍法に立て凌[illegible]
ことなく将帥の命を破り怯て逃て其[illegible]
乱し[illegible]純[illegible]人[illegible]

〈22ゥ〉

而して淫奢にはしれ自然に天下ハ明白なる事を詳論ありされハ驕奢
人とハ長く小さき也とて安らかなる国家太平と愛るの久しき静
謐と治るの久しき故今の時の如なるも俗の諸国の多くハ其余にて
懶惰怠慢懈弛遊逸その弊とせして漸々にして靡して驕
の風俗となりたるの弊あるの我等ハ何るへく決其故ハ其人ならハ其なる
古人の大功英烈の事を賤ミて踏端に男もの知らし
忘れたる名誉を好むの類なる心を養育せるとし甚多恥なり
そ子を云国也て其剛て男を知らぬ事一なるを此教訓として
力を云としてて和心の張剣なると知らぬ事をせぬ者なるありけれハ
猿楽の見物驕泥なるとて父母ゆかしき平曲（平家語るなり謡曲とも云ふ）と歌を

〈23オ〉

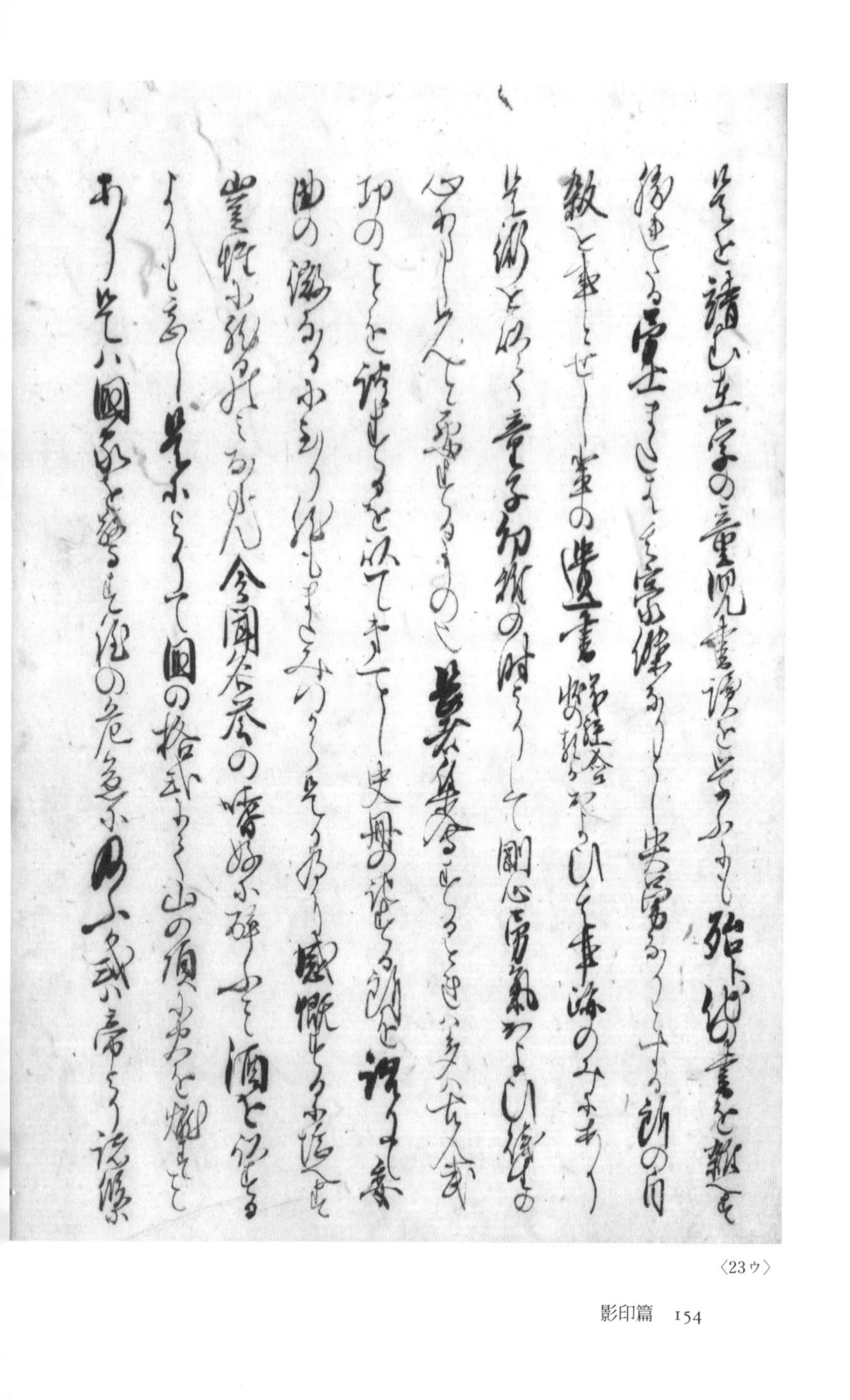

〈23ウ〉

今して西時に都下の士卒を遊しめは、八万とかさなり
かの如きの大いなるなれは、彼大船多参して近隣せられんことを欲し
各々武器を携へ来りて陣列を知らんと欲せるの急なるに堪
へかたく彼此互に進ひ出て勝負を決せんことを欲して来るのこ
なり。彼の戦者をぬすむの急なる戦国に習ひの道しきみつらぬて
危殆突然の地に出ゆかんことを欲して寧ろ出兵急迫の際にあたりて
時の武人は兵船の便利となして大に讃め美しく成さることを謀らる
新く兵器を受んことを学ひ、旧来の者きし兵器の習しき
みを知りて遠く勝ふることあり、鳥銃ありしかとも要り
戦ふ事は楯と刀とを用ゆ。刃を出す力の便利なる事一刀ありて

〈24オ〉

人情も悪しからずに塩多く上品上物なるを以て是と異国
人も賞しまし。四肢にも[illegible]にて林[illegible]頭に[illegible]し[illegible]
の答刑あり。此は盤[illegible]諸人を死刑なり
本我国の武国と云て検夫[illegible]百年[illegible]ぬ風
我国の風俗も是と合[illegible]同[illegible]人も何か[illegible]人[illegible]の
勝[illegible]話[illegible]の許あり
一 日本人はよく勤励し、又よく艱難に習ひて鮮少を以て足れりと決
誠実は諸気強健なる螺蜂の如く海鮮の類を好み[illegible]
粗食跣足にして歩行も水と候し常の飲を以て[illegible]を覚せる
ことなし。又[illegible]置ずに[illegible]あるを機なし、年毎に[illegible]の[illegible]に

〈24ウ〉

少しきハ本宮の中の微く容ましからず其貌を見て夫く
緑衣を着ることなくして貴男娘婦女ハ何レかる亦
人大ふ礼儀作法を能く極くして気を浄くし衣服を結構
にし家屋を精密にして
儀者なれバそれ其ことを飲ありて以次又衣服を見んさる
ものことあらバ是を彼方に比較して言る者なん
一 日本人と云ハ性情なる支那人の流もと悪人ハ實に称も深
長するとを遠く我自諸しく小筋なり尽る其所の中
なるその説を国紀せして留て其国俗の根源を尋ね
知んと欲せん人ニハしあしたる東ふ神諸に論ふ似服しても

〈25オ〉

其俗ハ却てこれ韃靼の始祖より出て文華に移るといへとも
大小都雅なるに至るまて気象ハ小韃靼人の威烈慓悍
と支那人の性質温和とを合せたる趣あり
検夫尓別に一論ありて神国人の根源と種とを穿鑿せしハ
よく合明なりしきたる所を懸て韃靼なりんとして検夫尓さとせしか
或人云しハ神国の帝ハ神明の後胤なることを疑ひて論せり
も然し随ひ難しとなれり

一 従来将之巻の謂の詩文の大争時ハ有なりしも若之境内ニ
極く一切和平安穏にして遊惰に溺れさせるに敵る謂のもの
有りせハ日本人ハ其力を尽し勇を尽して国を守るて

〈25ウ〉

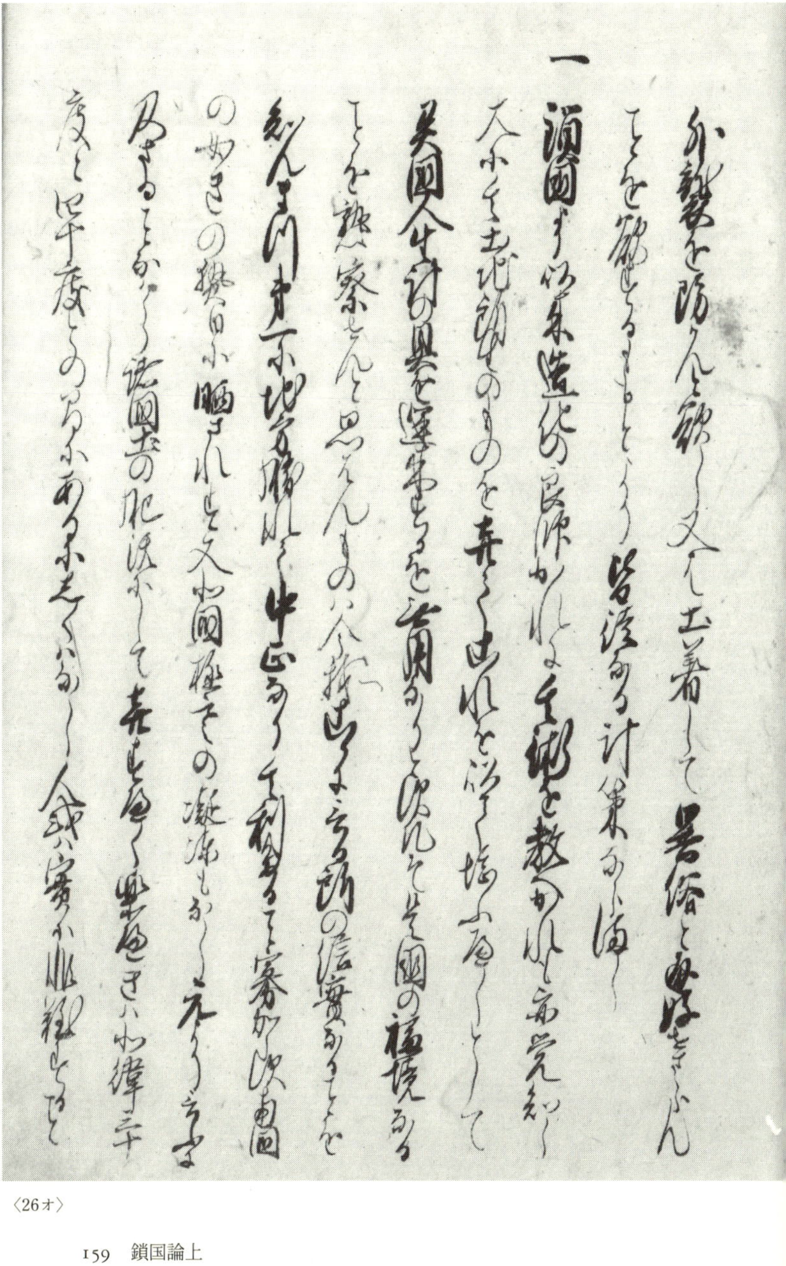

〈26オ〉

ありていさん日本ハ嶮岨多石の地にして峻峯ニ山の園(?)多し
若穀の用心勤労を及せさりせハ多くハ山川嶮岨の所のミ
なれハ人も能々工夫をなし甚遠き荒国を薩摩(?)ハ
備ひて実良の種を選ひ此を其地の程をかり耕種の道
なり此経歴千古人のよく労しよく勤る大ニ機嫌(?)に合の
熟家ニも熟せよりのかりこ水に出来ハ肥沃なるもの地勢ある故
に如何なる沙水の丘高ものも如何なる荒蕪地も皆耕種
至るに豊かに出来て能く努力にかる農夫の功に至り経る
の辛労用心なりいよいよ勤苦と報賞せらるしかるにこれのミ
かし波濤渡る極の地殆ト少許の耕種と寄るよ堪さる宗含く

〈26ウ〉

関係なき也次に其民気象多にして至甚き懶惰を悪みして新の
如しまた上天より狭小なる国界の内に移されし若くハ海若くハ陸
の訓土の許多の産物を給して其国を達しこれ峰ふし食と保川
のみのこふあらき波利晩然に済ふ施しむるの術を知了
本は金銀の上と見るふ充さ且南さ西ふ洞和して読商路備
まさしてまの如し細術ふ与て悪しき訓のもの術ふ与て多くの大
小丈服の分さ為せり其林中山中澤中叢中諸根諸草と薦
して修奏の為ふして用施しまさしむ金銀と錦と色と海より
て有裕物の諸物蝦蟹螺蚌鯨鯛又諸海物の熟と出て
皆よく調進して施さらしむ急中或ハ無何のもの をし以金とを

〈27オ〉

婿とて點く劃して其聟と云ふ於ては古の遺化此俗に至るまでも小窒く寛活を倦ける

小服して少しも禮として勵勸なるに空しく臥猶として

穎悟なるに狼きてかしく勸勵の道を得して危き彼室を斷る

敏発明なるに係りしもなきのなり古化峻瘦にして耕

訓誡にして其勸勵に従く懈惰を重ねて遂に墮落せると

もの懈常比丙の里邑の士人の貞純生の仲本を頼く其ハ

士命を保て此にして大に懈墮に勸を省しせるにして殆ト

含歎に寝らしてるか如くてなるかくしけんと為かり又りまさ

人の非識も念さしき士人其擾内なのみあるて樹内の如く小

してて隣國に遊義に遊交もるると禁にし又其金銭分裂して殆ト

教の綱峰なりと是其國の村邑長なるなりと之いため

〈27ウ〉

莫すして却て造化寛良の徳を知急さし殊ある陰搆るべし
莫許多種々の産物の其全国に移る人磯ハ種々の方域に分布せ
界にあるかごとし其地の疆域を遠く隔てゝ種々群四方のまゝに
出産して人生の用多く其言語生計各別に諸兆各國の産物を
全国に併せたるべきものなし奥州佐渡シリカの金山薩摩に
金ありキメイイ北流とベンゴ備後に銀ありシリガ土全アテヂガノ銅
紀の国に銅あり豊後に錫あり筑前に鐵あり筑前に石炭と
同しオノ銅せきと本山炭と唱へて硫黄が温の火山脇しく硫黄
産す其他列に挙ぐ肥前に一種の白土あり
て有田の磁器と創業せしむ土佐オハラ妙品とぞや安藝にも多く産せし

〈28オ〉

出し（ナガトヽ）長門の牛を産して日向薩摩にては馬を産し豊後には米穀豊
饒なり銅鉄木実多し茶楮に椿（椿蘭語にイヂとして イヂ寶丈 舊長崎のとゝり今椿と訳）
あまたあり 物あり 其外山野餘の菓多し浅瀬には海濱螺蛤とれるにて騒
さるを此ふ誠なり ミヤさ（西山乃佐の国の 此名ありや）海辺は山海産に鹿物多し
凡そ全国の海濱椿々の魚類を饒多にして国用と
なり是より外有用諸穀諸菓の類多し諸品を出せる
その外許多の蕃殖のものを挙ける
遠ありて志摩大村の海濱よりは流琉球の浦薩摩
の紀の国にあり水晶貴石のものは津軽にあり又国
中の山に谷に有る諸国にある物の

術の事業とはまた取れる所に医業と成して人の為に和蘭に出来ることと
須ひずあまた百工の器械と以て修飾とし且有用となし
其物にも人にも又力勤にも人に於て決定所に能其を和蘭より
以来ることを得さるのみならん諸般精巧細の諸俗に超絶
さり特に金銀銅鍮にいたり且銅に於ては勝れり又金織錦織の
製も用ひ鍛錬の術ともにすぐれたり其武具の手際最良
なるのみにて彩色を施し諸像諸様を彫刻し其よりは赤銅と金と
又相まじへて妙なる鍍金をなしもてまた諸国の及ばざる所なり赤銅と
いふは銅と金と其合共につきて其にもまさりて貴きものなり嗚
黄金を少許と交へて鋳成して製せしものにて以て作る器物

〈29オ〉

其初工師の手より出来る物の如きハ今ハ英吉利の如く甚多
く英吉利に於ける所なり唐栽し文絹を織りて輸ひ
妙なり濃なり支那人といへとも擬せるて織りたる朝廷の大臣
達ハ是を用ひ服く一箇の酒に致されて紙筆を嘗まて説
貴重せる所となれりて時間を送りて搭燎を厨となせるもの多くハ
織錦を蝋と称くを煮とす又其酒とサッキと為し粱米を
以て醸せる支那のより大に優勝して勝れり（酒の英国語ヒール麦を以て製す）
食を調ふるにしハ支那人に調ふり甚だ此竹箸を用ゆ
上に是を和して其鐵快皮を以て剣製して支那人の外ハ其ことく
帰るを以てしある所のようにして嘗動ハして色白し（欧羅巴人也）

〈29ウ〉

飾となし鏤を刻ませれ人家修飾の漆器となれり其美なることは實に
支那も又如りや
称すへからす支那人東京人の用心勤労を盡せるも未た以て
其漆を潤飾し或は此を塗るの巧妙遙に及はす絶て此
如の黒漆器を見る事なし國中に漆樹を産せすして大に歎惜せし
者にして漆に於て求め望む所なし實に又知るへし大日本
亘の種々許多の器械産物全く人の日用たるへきは悉
皆奢華の用にして國の諸物生して其用を足し其價
一にして諸物の各地に流通し通商の大なるにて言語に及ひし
難し嗚呼全國所生の商賈如何そ其繁閙なるへき如何
そ其勤力ならん千浦に如何なるか在らん諸海の浪

〈30オ〉

諸港ハ皆人民衆多ニして檣を林ノ帆を揚るの湊ニしき大小
諸船の数多あるも或ハ新製ハ此亦或ハ困難の為に沈ミれも
国中ハ人居く海辺よ在住して陸路の方ハ人稀く
室屋あつまりて樹林の陰あり細工ハ其船の製造とみるに甚強なる
新製ノ形状の異様とあり中よ国内の最高なりとして上面
皆開きにしるしてありける 当船上に客を閉て寝所とて水火一の図
尺よ先ハ日本ハ浦を遠離せしめさるんと為なる如何なる所に
故に遠ハ大洋ニ出んとせる船や水入らる必ス渡海せさること能し
一 実に格く進て日本人の学術政の事を勤るに恐く急
考以て見ると云ふ日本人元より其の大小学術を思く急を

〈30ウ〉

條甚る是とも國より遥移せる徒の教に尤あるに似たり（此ハ支那ヲ頭トシ諸國の事）
教奉や唯此世ハを現在の真とし[illegible]の隠[illegible]國[illegible]にして世の
営するの道とせハ人ゝ行ひゝ持懐を解り宜しきを従ひて[illegible]
此やしゝ此ハ多くハ窮理科の上にをとなり[illegible]比上大小学を[illegible]
上天に根據せしに此学の要の[illegible]孔子の思に出たり
とりて孔子ハ我歐羅巴人の所謂コンヒユーテユース是なりソコラテス古人の名
ハ孔子ゟ後二百年[illegible]亞尼勒斉亜開國（又百年前にあり）尼ゲロ勒祭
西人思之て是人初て直に上天の諸祭と受て道を人倫に
以通せりし孔子の学[illegible]のソコラテスの学と相同し[illegible]
人[illegible]の事[illegible]て令[illegible]此ハ此[illegible]の格[illegible]

〈31オ〉

基として在る此術なるとや検夫尔新究の新平と算けしり又審定の学と訳す

ウイスキユンデとしていふ宛物理に属して天学地理音律及ひ算術の類皆其定の理に立て此学を

基とし一理を審かにすること多かし此学之れによりて定審に窮定し名く

と云へし是より別てて深奥と尊する此術に渉りしり地俗としてまた

尊く此学と称して探索に迷溺し永教審定微妙の大旨

なりとて以て議論講明を以て其旨と為し被尊崇してとあらむや紙敵

已人ホ走くよのあゆみ此れ世ハ天と為り天と頼むるの術なりて

慎苦心の所となるものなるとや又其人極定刑として

様申きしく祖之此教法と尊みく其の謝罪天主化して人と

なりて世の海にての為に磔死の辱を受るとしつある

影りして幸慎るの救済とするとを棟として入りなやむ年

〈31ウ〉

そうしむるぬ吉利支丹の教法士の本極の非なるを顕して今盛なる
しる衆徒なりて滅亡し果たるは殉死もしくは拷を免れ訳
其師たりのさしも執心無類なりし源流を名乗て邪悪とされ恥る
なる押込られ若しくは那蘇氏の宗旨の其国になきと
教世主自己の用心規模の大なるせらるに従せしして勤らるせは
彼吉利支丹の信心深きして終に至りなれり本国よりの出勤営
の報賞とし彼等に至りしまで繁に苦しく自殺して死あれはなりや
千年の弊を除きの急務なるに従ひて風俗変化の成功の速なるん
ことを今あらく知に渠を離して千歳に渠来せしめたりける
極意に比はれし天地總滿の真あることをさし知るべからず

〈32オ〉

徹く國敗の例ありと見へ候へは今の人々禍を招き候て
大小共に謀計の本意を失ひ候へは背徳家々の佛法者は其国
家の治まる事あらすして佛道の教訓とも悪事を交
以善教の誑誘者と宗をもちて悪きもの多く出来り會とも
云佛教の法といひて古の国を倒し経教を用ひて大小共
神佛と尊重し給はする事の法を一様にして神変宮
していく申せ人の心を勧め法を懐しく思ひ候得は
事ふる所作の誓願を古訓文冊を行ひ候ては天魂魄
要ある事小あって心を用ること大に別ぐる家業と懶惰
神の未来の福を欲ふ事まき教へと天国に受入ることを待人

〈32ウ〉

又日本醫術の事ニ於てハ内科ニ巧なりしも外科ハ又少く
歐羅巴の流をし用ゆ然れハ醫者ハ治術を務として多端
なりしも爰ニ依て病ハ火と滅との二つなり是二者功力を失ふ
とす病根と滞塞と名付滞塞して痛となるものを凡と名く
二者ハく病根と追ひ出し凡としてハ穿撃て揺出して除きのぬ
諸を好せしむるなり其教ハ日々の湯浴ハ純粹奇妙の一道
とし是ハ天性の清浄を好まするに從ひて大小便ハ心解して從も
又ハく是を治して壮健を保ちて去人の免まし難き謬の浮弱の痰
病を除く手功力あり日浴の外又民ニハ皆良なる温泉あり
後漫の病ハ憂鬱の病となる病人とハ此謬ニ遣りても事物凡ニ

〈33オ〉

問

コンヒユテユースの事およそ和蘭人の書るものと見えたる書後とミン
ゴと云ひし蔵庵ヒとサテユて書の記多けれハ実ハコンフウツース成るへし
又右人の名ホツコニテス又ハドヽノイス又ハプリニユース杯とも多く
書ホスとし…と添ることあり然れハコンフウツースハ孔夫子の華音
コンフウツウの訛なるへし汝か紅毛の人と迷せし耶蘇の事ハ
是より詳かに論の書を見るにユユラテテスの教ハ羅馬帝の羅媽
よりコンスタンチノペルより近都にうつるまてハ用ひられ
帝も其道をとれ實をも勝手にしられ哀利亥丹の徒の道あり
よりて是非なく其ことを悟りしつとめるにハ世に行

〈33ウ〉

しかして百餘年の久しきに及也
一 實に斯って又論をまたずして明なり、恐くハ或ハ云ふことあらん、日本人
刑法裁判の事を拋へ去せしところ、猶ふ然れバ律を以て録せし六律
歐羅巴人もいまだ見ざるところ、然るに如何となれバ是開
の術なきものをもちゐることありといふとも、南蛮人ハ北冥に在りて郤て窒と
かゝりてて、厲なり。凡日本人のこゝろもて東方の諸国に在て裁
判を受るの捷径あり。誠に是を我如く争訟多く事なきを
待ずして、設書に書るところ儀仗の如きことを須ずして、直に當時の書を
儀仗ハ官吏ヨリ裁判の速かならんことを請ふ所の
事なき事を歴訓に由して、當世の言語に證
據を弘明せられし所番を計較せられし時日を延ばさずして政

〈34オ〉

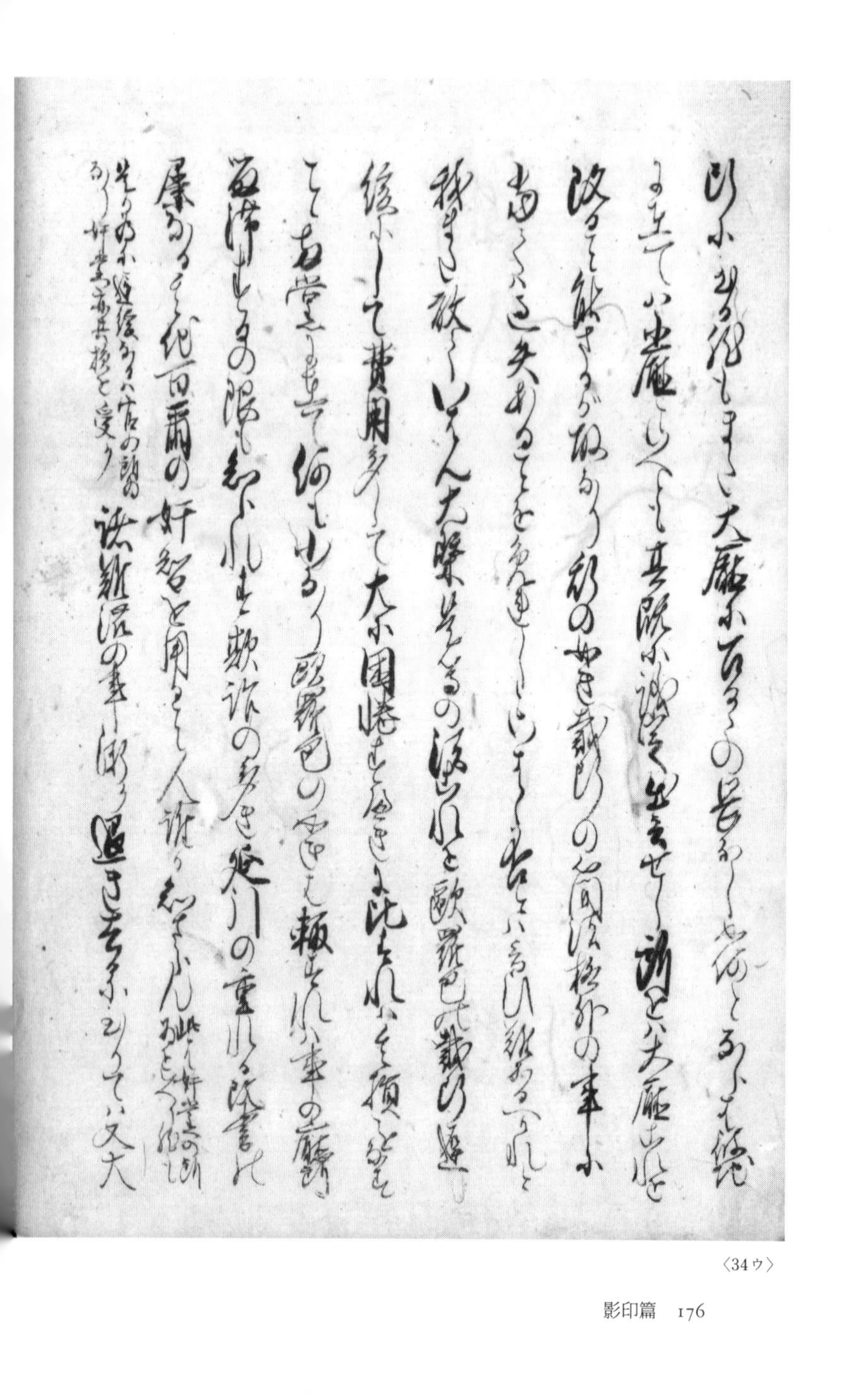

〈34ウ〉

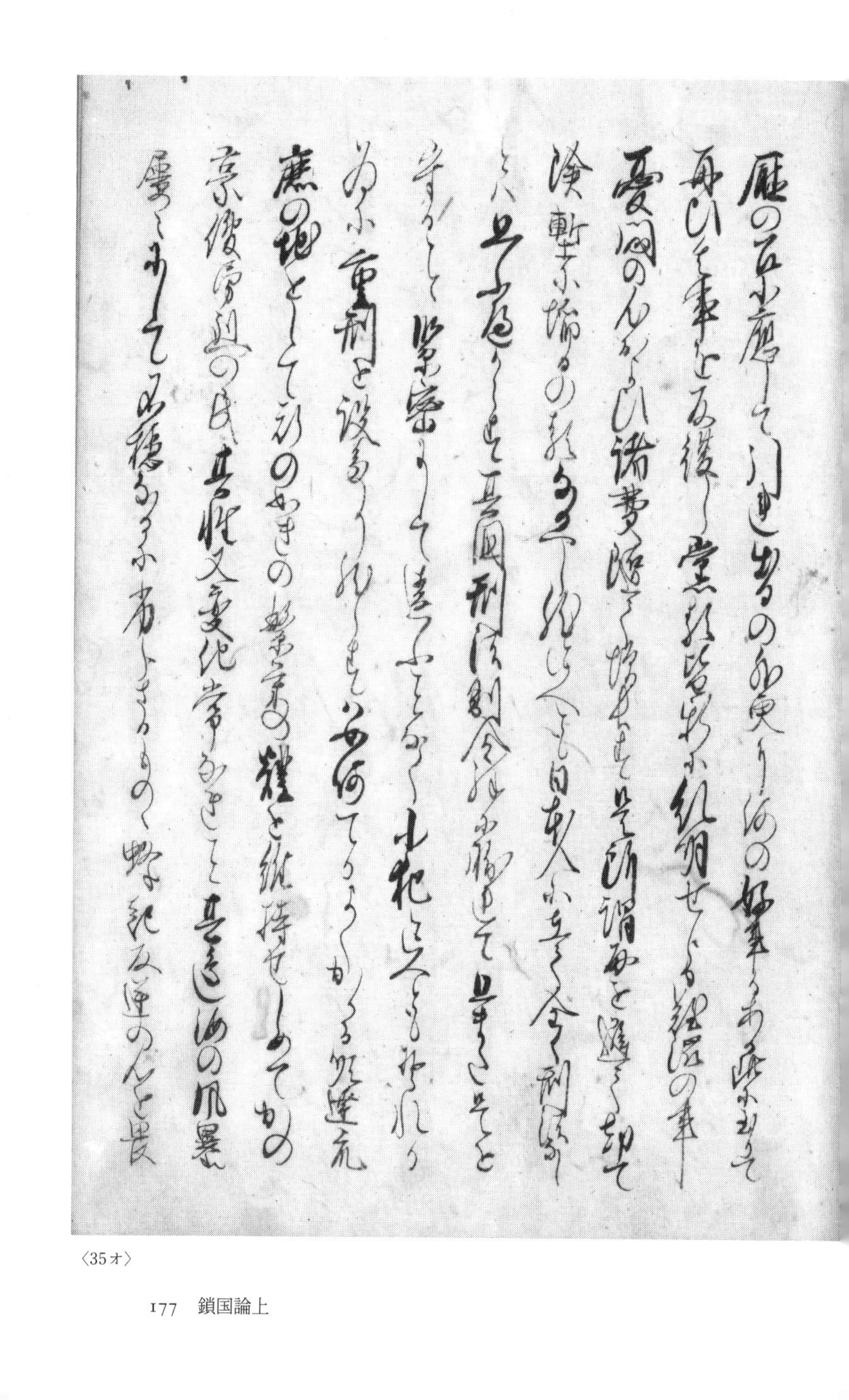

[illegible]

〈35オ〉

伏せしむるてふことは人君の刑法の事なれは須く國家に多
福あつて何事も今に禅に譲る者として日本人何の為にか須國に
業を変化して又女何として須國の事を據れしつるといふことを
知らしめん物に着事て新の名の新婦の中程く明らかにん
歐羅巴にてはレクトキユヒデ此ハ和蘭法なりにて刑法の学問あり
此事よりて世さりて為りき屢に歐羅巴の風にく又て
刑法に疎く又刑法為しても之を人々に之に以て
検定に為の如く言ふものなり歐羅巴刑法の事を
於事あて所為ある事も為石の一節に於て是を云
称男子なり帝又于此世に言ふへしと注しつ

〈35ウ〉

鎖国論下

極西　検夫爾著

一 初メ日本人乃韃より来りし例を以て数百年の間因習の久しき
多かりけらし国中乃諸島に分散しく多く海邊に寄
る所の魚類を以て其生を養ひしる形なん　検夫爾按するに
韃靼人を韃靼より分れ来れりと云り　神武帝思慮謹慎容貌高貴なる君にして
大漢呉国より又　歐羅巴羅媽城を建立せし王　と同時なりけるが始く日本の国
基を立しむひけりの意におしより　祥の茶こて澤者　於是国の年暦此に発業
之り其以来を国権於何形る人の手に立しる當時の人偏
無しく其事の外国以前の値遇見聞せし所の事

〈36オ〉

あと令記まりしらがすに今古も史記に出しく一々考ふる所かふれ
實に知人なりし因て皇の諸帝此國に取り上世のする者そ世
界の中に有し此國の人民長徳乃代なりとしく極く親
睦多なるべし

一 天照太神の嫡系の正流神統名流なるを以高遠不し
し实けるるに神明に背りさに天地扶る小廣大莊嚴をなし
く殿下をしらしく高致しらく人倫の紀に淵をするの紀
御そしむ然ゟ小此事後世にかりしく遂に國中一開
通國體掉謐の治道に於らく大なる弊をなり世がくたをな
らせらる神國絶倫の名誉ある帝をいふれを其群下恭禮の

〈36ウ〉

衆を治むるに足りし温柔寛裕の徳を兼しめたまひき
親しく跡は神孫に於て至道の一族として又尊敬を受る
こと神明の如なるがゆゑにして世事武事の統御を自
己の御手よりなしけるされとも其後は彼れにも卑下なる
業にてもいかなけれとも見ゆるに足りし世間の人に普通
しのふにかゝる道理なるにし見ゆるの程にてありき
其後世の流弊増長してしかして貴族の威力衰へて於りて
帝は奉事すへきの務を棄擲し諸侯を来り帝の命
位の列職を定て自らしては高上なる名のみなれは
将軍家の為に心を縦にしし則て武器製作発明の後に至り

〈37オ〉

てぞ彼が為に力をつくし忠に訴への他より追出されて
けるを流弊後患如何ならんことをせん是因乱に及
りて又命を失へるもの筭いかばかりかしれず一族滅亡
せる者幾筭といふはかりなし就中殊なるし鑑を復する
の心なるを王他併の心より起る訴の基動き出て怖
ろしかりけるの

常に後世を憲裏へ乞れまとして公家武家王法
佛法世間出世移をいへる別もあれ共の王者を
儒排の為師としても二法移りけるそのを撿束
不き事を式殃の人とし上古前法の撿束
事を知らさるか故に自国後世の弊の起る訴を

〈37ウ〉

論ることなく論れるものなり
一 事の形勢次第に変りて諸侯の放恣専権の
心を引し降服せしめたるの時に当りたれは全
く将軍を立てしく宿軍の首として進退しけて
帝の長子即チ皇太子たる人を引く定例として是寛勝の
重職に補せられたり是等を遂に世る周治 義親なり武家
一流の始といへり
の基を開きたる其後五百年のあひたる将軍乾朝帝絶
を受る者職を絶し自寛にして世事に定を見る権を取
せしかれ日本紀事に書する其人をゆしくウエーるレルトレイキ
ケイヅル 世る帝というなりの
やしおいもなる の事を世り解といへども其後人みな様

〈38オ〉

久しくて出世帝（義観なり おそく見よ）に事へて其旋を守り常に大小
かの神體と宗尊せり然れとも将軍を世事の上の権柄を各
軍帥の重任をも出世帝の所欲の人に授らるゝことをゆるさり
然るを終に十六世（西国の年暦にて千五百年より千六百年に至る 中間百年をいへり千五百年より慶長年に当る）の初の頃
皇職ありある将軍其所を業を継るとし一挙に奉上の務
を棄て絶してして自立してして世間これ上の者とあらはし其事
宮も重大にしてして容易ならすして思ひ立ちしに依の雑
流の事ともなくて成就しぬひ将軍と帝の二の宮（原文で二男の義）なりて然生の
流に於て帝位を継くことを許されず然るに権柄に心を辞
執着してして軍中に自立してして悪く文帝の世事の権

〈38ウ〉

柄を奪はしをのかとし唯我の神體をまもり神道に務め
吾國神正流の神孫たるを人観を得しきくをかゝし毅
綿々と其稜ゝたりある
一 然るに刑る軽忽不従の挙動の逆ふ剤に至りて終にも
其國の利益をかしり時の政事にも偏に一箇の法流の基を為
あるのみにして遂にも大に其國の法福安泰を没せるの
助となりて財にも於ける反覆反逆を好むの族を禁出せ
るの肝要たるを思ひしてしがく而法にしてあらせる
對信和れども然りであるがの強暴不遜の事をとゞめて私懐安
墻せしむしかるに張れたる相手の數多強大の諸侯を誰しもし

〈39オ〉

とりんと是爲に闘戦し窮をお遂しと争ひある事久しく
て禍祿尉信終に一箇の英雄秀吉後に大閤と號する大
器完智の人に倚りし也是人も微賤奴僕の境界より
起りて自己の勤功謀略によりて宇宙家大の諸侯の其
一と成りし也此の大改革の事も千五百八十三年天正十一年の頃にあり
也かくより謹慎の君主にていりあれどもしく我國當時
の形勢諸侯兼併の爲をもてハ萬民の氣質文器嗜好
引續當然廓知しもによりての歴代將軍家の
基とせし度を免れてい以更彼らら窕上の權を取り得に
至らんことを諸大家の殺伐兼併の心を剥し其ハ強大自

〈39ウ〉

其の勢を削りて狭小の度内に屈せしむ屈さゝの術を
以ていつはりを能さらんことを知れり是故に是人に
いつくらみて至極重要なる計策なりとするもの也然れども
甚深に見えし事とも彼此数多ありけれとも此等
も封丈に遺し置れたりしかの大事を大閤在世に
間に観せまざる如知らざる人の感じ居たる趣
様ん以て没り如斯にして寳とし其盡事とし畢る處
すの成熟の時至りぬ然れども既に国中の強大
の諸侯多く既に降服し其余も戦争にして服する
衰微し又彼も敵我と衆共の所許もありけれと殊

〈40オ〉

社るへしても見皆に及ばへの多勢謀略盛りあるの故也
一 初ハ諸侯の役遊蓄傑の恣時を追て其増劇く終ニハ
當世帝も張ト剋行るに塚る事にあるらしめ未來
帝類小衍よをれ軍として大軍の首としして遣
世れあることと歌に正百年の久しきことを頌あれとも其
徒にしく其理を今大閤を僅ニ十年の間其
其功を成就しつ是修に兵威をもとするのミにつく其八
心謹慎にしくしく良策を用るにあらされり故のミ
形ニ此時運にしく之事を補ありて諸侯の多勢も
長さず門乱ニしりて此の般ニ靡しされども強く是を

〈40ウ〉

削る者を形ちとして大圖を一変して其帰する所を言
躋理に論して日本に居れは是こそ欲し色を得ん
し欲れとも外の小く必竟はるか意も國中を強大にし
諸侯を遠隔せしめ其詐術の計術等の作より
出せしめ為にして其文彼等より法を採る韃靼
人（朝鮮人とも）韃の部下を併せんとして時を移すの暇を自己の
他の各邦を成就して今條を乞り得る國権
を堅固にすれは人への便宜十分なることを得へし
然定むして知らず数れ奪に自除の幸を出
随意に行れはまつ是に高弱降征討の計も難しからむ

〈41オ〉

く快通なりし禅謝し思慮しく諸済とは
ひとさんと欲ハ此時諸路敗ハ其出ニ在し動労有
科役の艱難を得く大小夜權ー犯實洞渇しと云
口敗癈しことを疑もなしく今こともなき孔道の心を
搁しく我に路ふを以て喜としして無にも有る貴文價
ふをもあと苟もかハ安旅買ハと欲ほ色ことしと代
大圏しく察知して前とこ創度を立しとりも創度を
知る飢渇危殆の時有れとも自體安全の爲有りとふ
を辞としし說候の妻子を都に遣しして宵ととき
お為に適宜有る館舎を擇ひて荘嚴にし堅固にし

〈41ウ〉

置りし故に此度経世しの諸侯は其國の上を本領に付奉
一廻其時節を定めて都に来りし妻子をして江戸に居らし
む是より大將軍に於ける苛刻の一流を用ひて國家の
政治を制にしけ是を諸侯も皆衰へ威風衰落て將
来天下をも隠謀叛逆の事に其ても起る處ある誹
なくいよいよ此にありしかば何とも欲しても諸侯毎年妻子を
以てまた心腹不変なる誹の證人とするが故に心を安
一廻江戸に来る都に到りして其二心なきの意を表とする
事と頭されたとなり其身卑賤の士率より起く
微々にしてかつて人に許多の強大なる諸侯を破

〈42オ〉

事とせしむるに至る故に離倫絶類の規模
と謂つべし
一 諸侯の兼併の甚強大の勢力常に万民を併謳常に安
全の為に損益害あることを一旦天下是を破り何も
を措て遺れる民の放縦にしし至綱の大害
となる者を撤し縁む為めの政務を定く一種の
新法を選し愚民多数の戦（多数の 当時の議）
親る多く党を立て（徒党之一私をなすを為して言り） の峰紀猖獗に依て草業の権威
を同くし為めに小都合ありし故に新立帝に因運
ふかく奈しより乱れ凡是等をして國家の興費坊

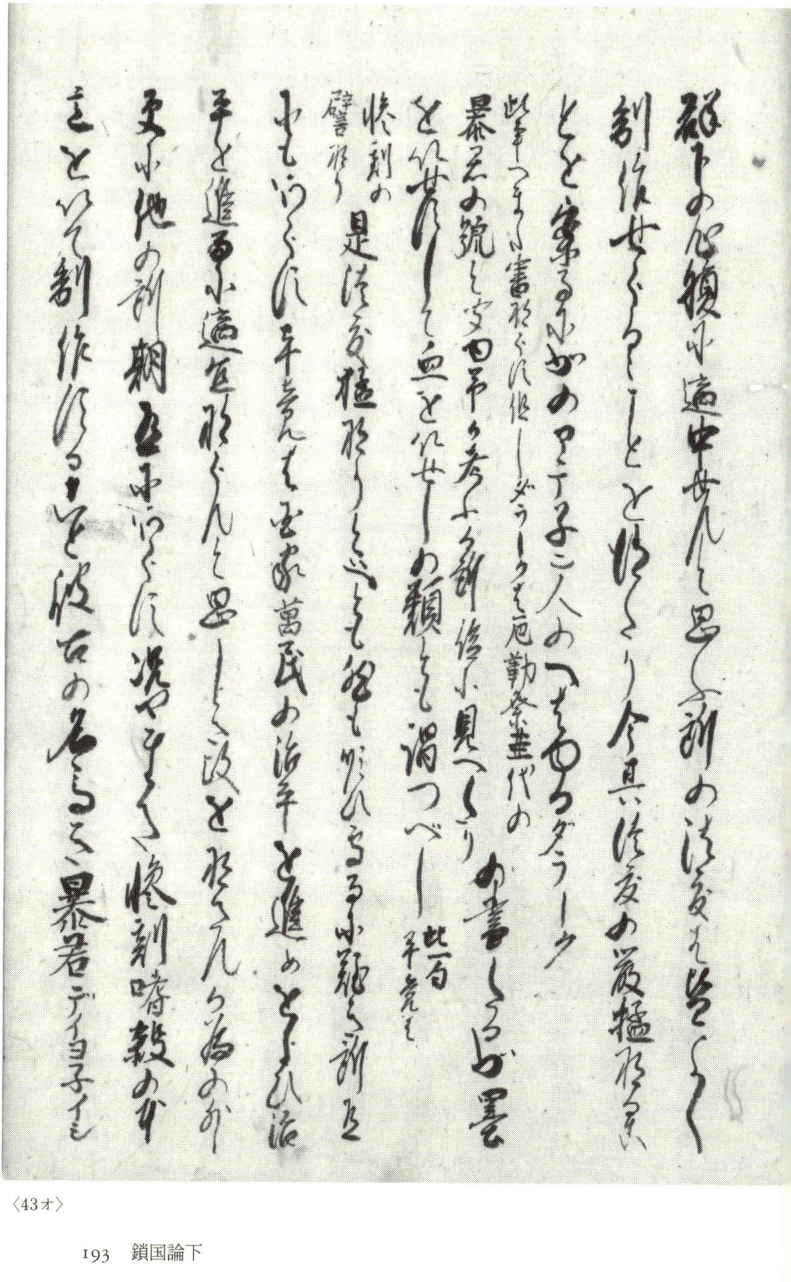

〈43オ〉

久至の名右ゲ象儀をゑらく遠く人目の及ざる所に築て人
をして侍らく讀書なくさミしめく哉ふしり
て死者甚多しく罰せられ殺されしもの
收甚大なるかにこゑることをいして世しゆかしと謂ふ、
我を目かけ改めの権あることを罪を罰せらるゝに偏に我
續をかけることを舎にありきとを常に命ずに遠まれても
のを身窮に罰を受け死を受るのみ更に宥赦の
威を取しかる嚴権の改めにまへくも諸侯大家のか
を責人おを遁罪かもりて或を一篇の詩に流まれ或を
命をしれるく自殺せるゝの事あと實にも惶目かし人の

〈43ウ〉

然るものは其法正しく刑の行はるべしとも制御すべきさ
し能はし其人思へらく国法しきりに貧者の為に設
るゝ富者のためにはあらず富者ハ金を費すことを得て己が力の及ばん
訴ハ諸罪其意に任て犯すべくして其を極て道に害
ありて其文に於て不直なる事なかりしとは讒言すべき理
あらしと謂つべし我當るべし此紀の路次を去して毎く
世の詔令の国法の義を國中に公布せん為に大
道の傍に小冊子に書て訴を掛て懸置しむれハ其面を
見て（検夫尓云く我 文を読に至りて）其文法の簡約にして群下の為に能
訴ともに為し又為さん訴の事をそれぞれ要に大意のみ

〈44オ〉

をひて天下綽裕にして寡きに驕ることなくぬれは其の格を以て
此の如くなれは法を作るといふとも記せず絶て
作者の切なる弄其心毅とも誤ず又犯者の当る新の
刑の法方とも未た在し唯此の如くして簡なることにして如る
強大なる当朝の宜しく然ることく新あれとも謂へり
案するにし凡詔令の瑣小にして疑といふんその名
し奸弊を生する虞この理を作者よく知る故に
能く簡約にして事散小なることそのいより其上
諸衆を守けることを極く猶にして全く法令
を犯たる者なし、いれとも直い事大要心よりて難んも又を

愛恵の情しより起り吾邦の理に牽れてしかなるに
罪を犯すとも不忍しんも一切差別なく悉く死罪
なりとする国なれとも法度を犯さん者も刑に行る
居る事ありて人の是直を受る者は必す告
訴まて屈るの事一人として偉しく細かなる者
のなくまゝこしと然して莫刺哥比亜の大ヘルトク
大ヘルトクとは
爵の名なり
王爵の次なるヘルトクの上なり此事後に註す ヨハンコブスバジリデス其の麾下
と御まるに鐵鞭を以て是を屈しと常に言へりし
正しく日本人のなくこと謂る者也
ストロイスといへる者の莫斯哥比亜の事を
記せる書を見るに豈く惣もの法で極なり
これも刺のなくは強梁放縦

〈45オ〉

の民の蜂起を止て許多の刀兵を戢め偏りて治法權衡を成
する事に至ても一齊に安静和平を遂しめ久しく萬世を
閲すの諸君長をも畏れしむる事に忠則る嚴法極
刑に因るを以てなり而文明の國に於ては一に目付
諸侯の臣下に向ひて威儀を重んずるの嚴重當貴を
るもの其人物も恩を懐ひて競ひに一為しつゝある。
新の權威を遂ぐべく群下の技藝に新たるを
屈ん事を思ひ無事に役務の便宜を失はんことを
恐れざる事を誅せらるゝ事に到り遂に國人皆平生
轉變を恐れ分量を好めり然し大に心を用ひべく

〈45ウ〉

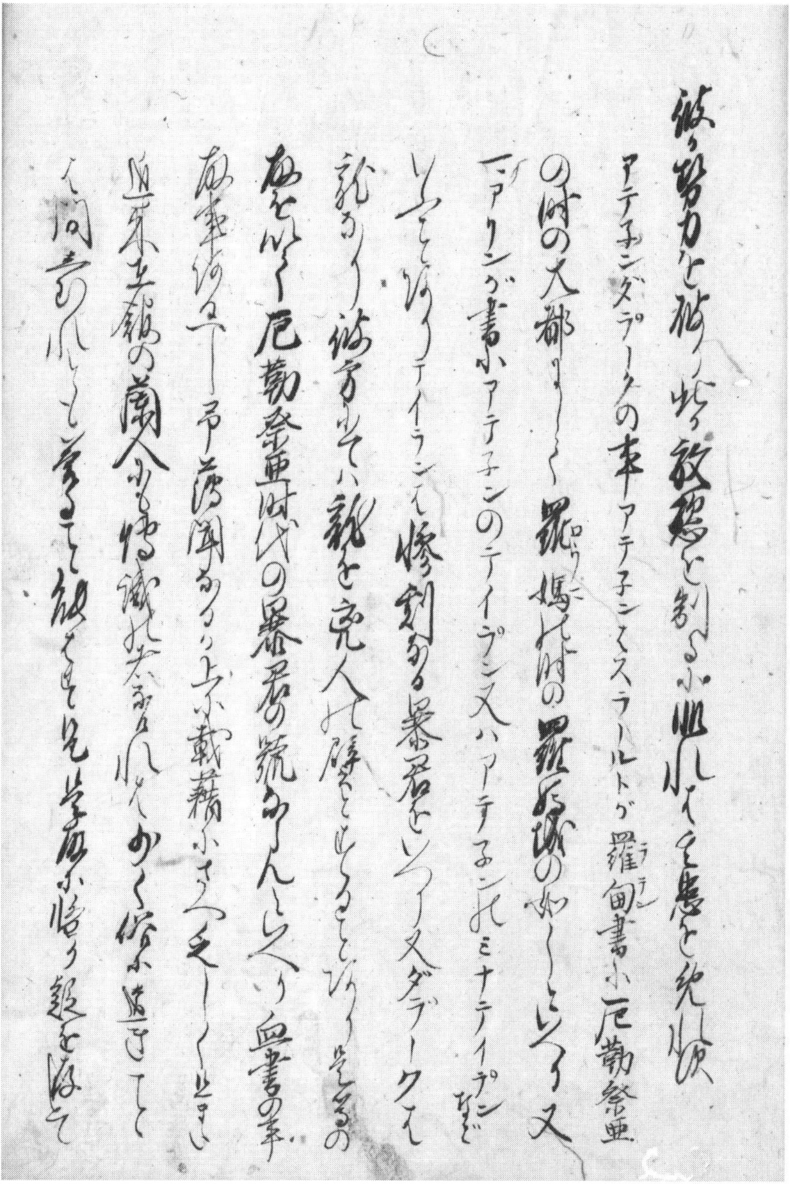

〈46オ〉

後人の論を待ものなり

莫斯哥比亜ハ本元来欧羅巴同盟の諸國ニ在て熱尓馬泥亜（ゼルマニヤ）
國を帝とし拂郎斯（フランス）國諳厄利亜（アンゲリヤ）の如きハ其の（コウラランツトルク）とて王國
ハツカウと王号とし意太里亜國のトスカ子とて魯細亜國の
モスコビヤとの二ヶを大ベルトグクとせり莫斯哥比亜ハ今ニ大ニして
魯細亜帝と称せんハ四方に分りて莫斯哥比亜の大ベルトり
ましくり
凡り天りよ称して和蘭等が全く許してケイズル帝と称せる
よのいはり我天竺八方支那の帝都兒格（トルコ）のシエルタン
和蘭ニてハゴローテンベールと称ふて大君とこそいふなり魯細亜（ロシヤ）のカザルと称ふ我國にてハゴロートホルストと称ふ大主といふ人なり印度（インド）

〈46ウ〉

秋當の莫臥尓和蘭人にても大莫臥と称す 執尓馬泥亜のケイヅル和蘭人の言常號即チ是者也

なり其中支那 莫臥尓都児格の三王に離人此後たり

熱尓馬泥亜魯細亜の二王に羅瑪人の後なり

○大閤派尓其国事を泥し昭國多久の地尓居て後人尓其跡を從く

ゆんてを合して千五百九十八年 慶長三年なり 薨しぬ極を曾知傳

其子ハ北後尓其國派の中に列してシンハチマン尓幡と號せ其子ハ二代

ハチマンと言んとて八幡と軍神の名なりし様尓ませ其国の本

るものハかのオシコシヨの正統を継てひとりにて何ひたるオンゴシヨ後尓イ

ヤスと名乗其後尓ゴンギンと號せトクンガハの名残し尓出まして

大閤晩後の義ハよ其二子秀頼とて時尓年幼なりしを托て

〈47オ〉

も神代よりせしより（検夫尔自注曰ッ秀於後に爵位ゆるさせ今下と云へり）今まで其子孫連綿して
本国を領し謹慎と浩福と文と技と治を成し済人職
名君の其基本を守りて轍路に従ひて遺後の茂盛するを致し
のふれる国中は誠後大宗而として怖畏して限度なるは
を守りしめて努力勉強して四方に安泰のように語り尾ざれば限に
ころ小なるてもなかるふしむることを生きて其治国浩福の一系の訓の
第一の行要なることを歴世諸君皆よく其理を知りて是を継述し
として　王事を以てまつりは凡を虚せることなく武力を持て其事を
儀をしることなく主権を以て光を存せることなく其上其内より
親しむべし礼を厚くし王者の訓の徳恵を示して皆く

淫佚の歓娯愛慕の心を恣にするのみにして其華麗と奢侈する
に其奢淫を以せしむる所以ハ即ちおのづから其責ことを受る
所以なりしを摩勇せしむる所以ハ即ちありつゝも其国謡せる
所以なりしとする帝を偏よる所以ハ即ちありつゝも其綱羅せる
なりし所以なり勉て帝位恩寡の勤の淫佚に偏よるのとして
奢淫と成ましてよりなりし然て其害ありしり醜命破事の心を
国々し又如の所得所税の賦斂右衆く穏しくて兵乱叛逆の
人々を殺さしむることを得るの返あるまじきものと快く出し費さしめん
ならしめ女色を知らしめ三千の宮廣大と称し後宮に偏る所の
恩寵位の所に依りて必其威風繊花義なり増和嫉妬せて

〈48オ〉

貴賤と此をし其身の養ふ立ても費用多かりしも國ふ於ても
毋年参府の路中ふ於ても新の如し是ふよりて至りて倦し
威勢隆大ふ實ふも悪く失をなく懈ふ残らず落を払ひ自也自ら處
しても苟も酒宴をなすのみなり右のかの公私の計費御あり
武の法度をとして奉行ふ投ずべきふ於ても訪聞せしめ或ハ宴ふ其極
密の諸証を察し其宴にて非道の事を知りて或ハ私とかり
慢とあさしめ又或ハ時の利害ふよりて其私と知りて道を
正りく数の事をも好挙せしむるふ違ふを諸益の中ふ親も制ぐ
心を用ひさせしも法の節務あらぬ二の正稼の首從と好むなり
羽翼の法と其ハ務をなすの忠良も実の福と知るふ何ゟ

〈48ウ〉

其家なるものゝ行ひ所にて法令を定め則せしめて中なる権貴の
ものゝ洲島と知る事なり国中の刑法裁判の事如何なる事に臨し
又海外の事に由りて変化を為せしこと如何が何にて撿せらるに行
一 車駕の游びて一定して其餘大小船艦并運漕しの事を何ぞ
なかりし国中今も其悉皆なるに至りし其大父の所国の
事認くて他日に至りて国司の勤勉を為ては他を知れとて
此をも拒絶せるを行て極て切用の務なりしまゝ是彼従前
既に織る所も何かりしかどいまし事を察するに見らざりし
必殺城の法網の精合を徹上れ極めて川上事件に頓川る者
年をし望て安全ならしめ物を諸事皆国国其の基本に在り

〈49オ〉

ることを欲ばいまゐらかチイヅル将軍家の思慮明證ハ聞えけるん
事を要しけるにあり縦令漢土何なる発明の事ありとも後
人かの経済家の地方気運に従ひまゐらせし又人間界の安
危の庭に遊びけるを論じ安くに世界を今に改めて
御慈悲深くにして探究せらるゝの術に近づきせんと欲
すとも世界の人となりけり異国の儀式異風を風俗とし
古人の外より移し来りし異国の人国中に進入せんを皆国中と
変乱とせよ カーヘルト 紙牌ハ阿蘭陀の小紙島なり今の給カルタとも云ふ[illegible]
[illegible] 骰子 此方の賽 テウエーテハスト 西蘭の[illegible]
真剣勝負なり 他に骰子の[illegible]勝負を決し[illegible]
新を便宜をして又ハ妙手数多の遺ふよりて多く[illegible]の事[illegible] [illegible]衣

〈49ウ〉

賤陋貪の後委なりて世界の果なる荒溟の業皆已に来り善良中
正の道を誣ひる此障碍なかりし吉利支丹教法此世に起て
古今一定の政道国家の和平に害ありし本国の教法にも害ありし
又神仏に出るの教に害ありし出世帝義勧ありし天子と公の外威職常
害ありし本国異国其人互に往来して送交するを万民の静謐
に害ありしと是皆彼本地の民此性質に適応する異様なる
趣向と有様を忘れ其のありさまに開てあるをなさしめし本国俗
の弊今にありし元来迷ひるも又人々得来にて恣にせんと患く異国
異凡の状ありしと沙絶しへき全體を挽回しくて本統の
壮健に復せんと思ふ人のありて其柄を廣むるやまと此吉清決

〈50オ〉

此言号

浪人の計策なるべし根本の旨趣をしらずして徒らに其病の所以
を除んとは国病の業なるべし

鎖国大論

一　是者外国の有様の形勢を求る所の道を以て一定しつる治綱の求
る所国民等権安養の求る者世界の状の求る所ナイヅル安全の求者
意皆一切外国と絶して全く其国人を異国人に接せしめさる所の意
以てナイツルカント執政家が用ふ所にして永久不易の法とせて
曰く国当に鎖閉

一　兎ヶ角異国人の中に在て大害なる国勝しく其の害を受るもの
意しきものは波尓杜児人にて若しかし是れ此倨傲慢にして然も
人に労すめるものあり候等是非検査（検査　注曰ク　大尓百　欲偶然にも出来る事あらは船の海　船風暴にて浮ひ来る其国の）

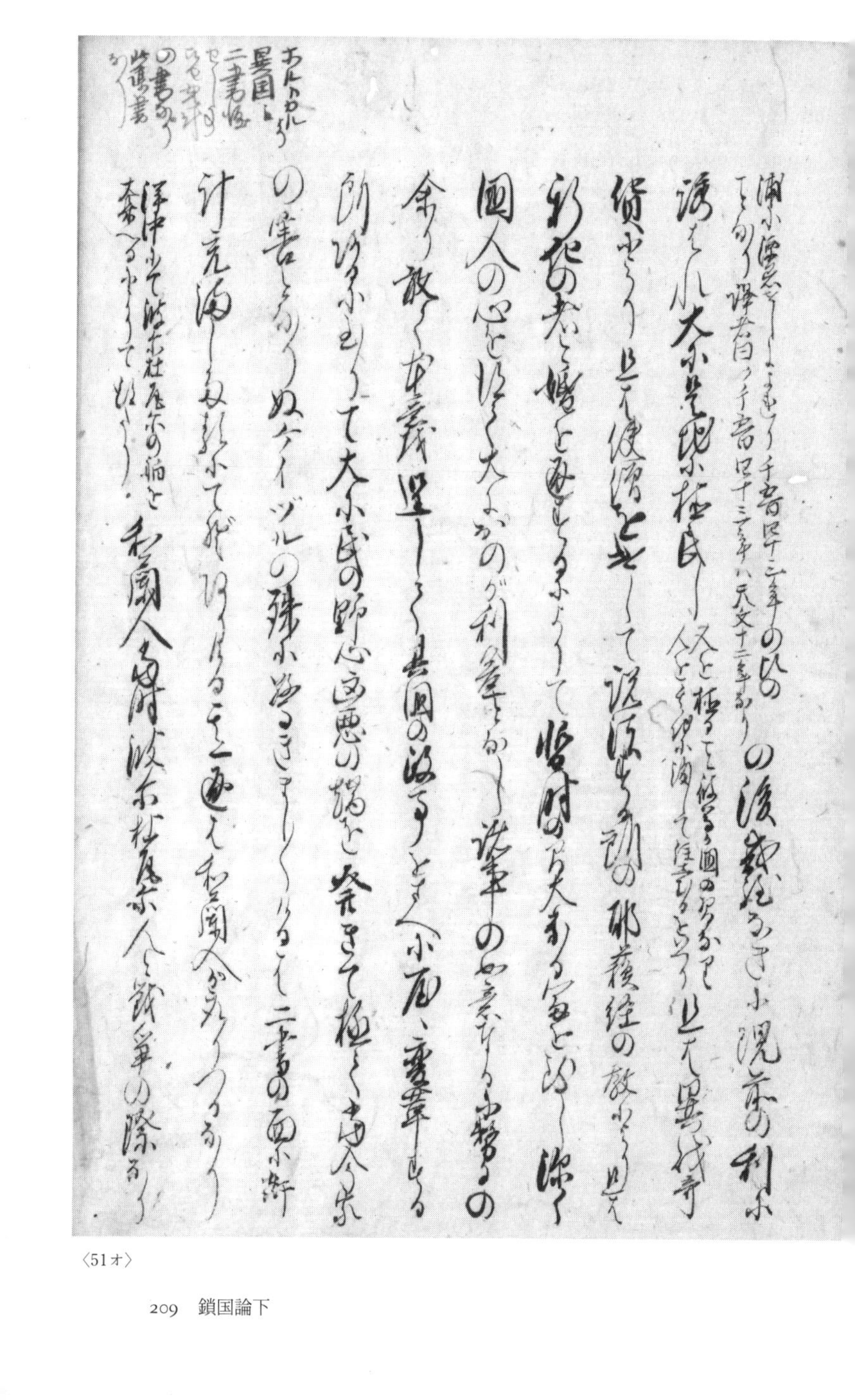

[illegible]

〈51オ〉

り多く其上支那の海道をとらんと欲するの為なり又是一途に広東に

よりて日本人を怨く思へり 何国も此方の海路を修練ありし事あり 広東は支那の邑

の名なり猶まさに是を記し国家の害となるべき其由の事あり数多

国城に露顕し奴隷政宗の臣に諸侯政宗と相謀りて一人の耶蘇の

宣僧を隠置けるに彼僧も逃れ出して蕃夷の地に至り上るを見て自ら顧み

奉の格に準せしとて頗る朝廷より諫らる 彼僧も斬らるべしと云ふ 又大僧異

にして邪をすすめ好むに至りて彼宗に誑惑の人莫大の利を好く

ー量の術を運論し其事浄を以て悪とせる事也 又

吉利支丹教の国に行はれ本邦他の法の金ーする事なし本国

の法佛ならは本国の教法と忘れしこと其法の中に混を深く

自ら護すれハ此国より出る事を嚴しく国家の患慨安の基なり
先年既に明らかにせしかハ詩書の雜説と佛文詩多く人命を毒し
道を以て此国中諸侯の跡を破りて殺害せしめし事少なからず従来
国土を荒廃せしめたる内乱の終とをなし終に諸侯を一統の世
となりぬ若し吉利支丹を甚く施して猶其徒あらはまさし
めて再び邦に禍乱の根源とならしめて天下此法を始めし
ことなし無益なかり
一　我の如く数千の重要なる地を防くにも大国の堂に於て杜度なく
貨利欲より吉利支丹信心ハ後の事に於て猶悪しとせられしかハ
凡ての国ハ一所にして一旦小ならず成就せしむるにも却て年を経て

連て然るべく尤もなる事に成し故に所織千もなくして大國
死を以て迄りて故後人に遺令して其事を成就せしむ皆示すに礫
刑と定めり其法令ハ法を枉げ人を傷ふハよりて諸侯を遣して讐の首を取り放
行りて其の遺烈のれをしふかりんと律法に國を退を及ぶに事に其の土人将来
性に國中よ去着し其境現に國中に行れん者ハ一定の時節と期
して諸事法を悉しく主朝をさしてもに國よ立教せん者の
ハ國刑と取るゝ法を罷り其後事から吉利支丹教とも
せん者のハ其頭よ捕へを立て改ぬる事となすべし皆を從
の雑混と經歴して小史にハ其成就をさしてさらさるなり
行りて經営ふ日本一統の主を以んとて許多の青備其ハ吉利支丹よ邪とて此方の

〈52ウ〉

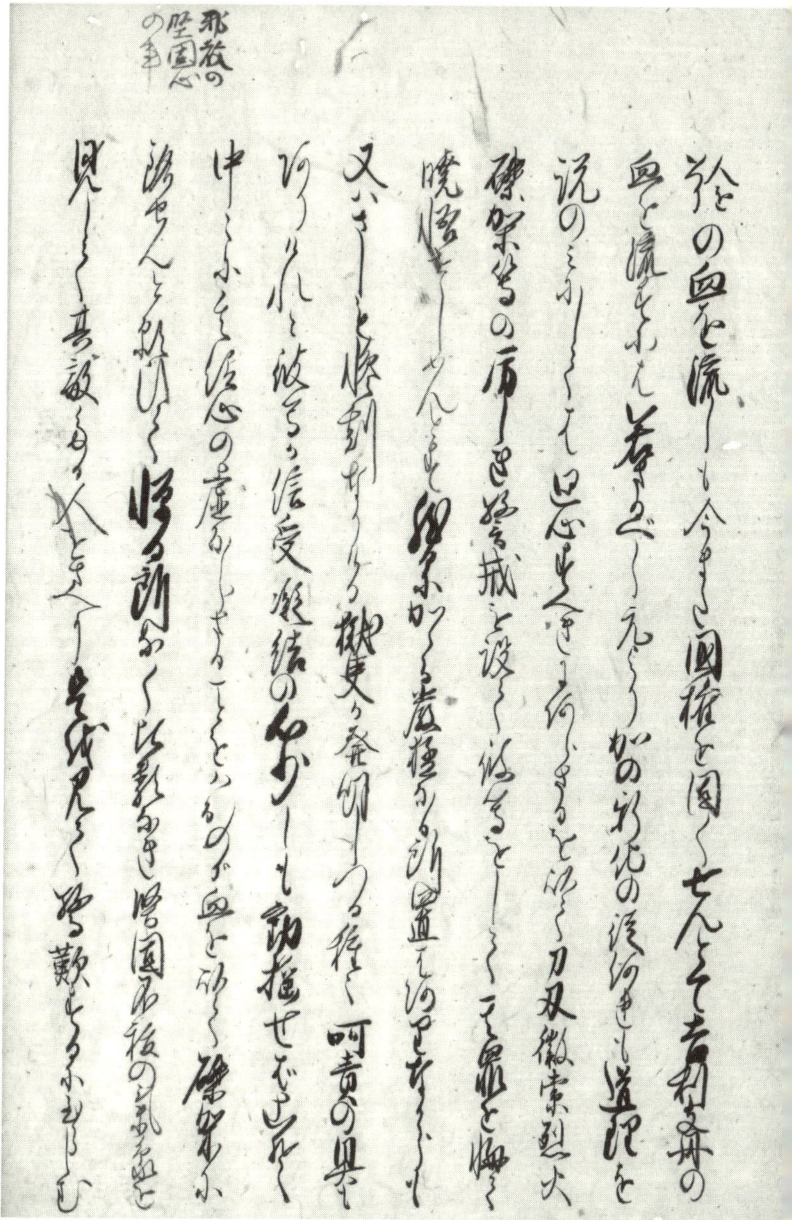

〈53オ〉

さて是等は常の人の法理にあらす
所以ス人ノ如く小さく申スク
かくして異教の為に民心を奪れしは
永く其国の古佛宗の恥辱なりと謂つ可し也し凡ソ右無く
支今千載の法難苛烈と伝ふるとも大約甲年の間なり
イエミツ公薨後より大献院と號して　ヒデタダ公　検校宗に自法ノ義は　出者法式と號して
此世子なりしく　イエヤス公は河原なりし此邪教に至りて終に
切に須國は事を挙し比類なき極刑は訊問を経て三万七千
余の吉利支丹と虐殺して一旦に國中吉利支丹宗の残党
と殄せしも其在るの吉利支丹天主なとの教の徒は可責の
此等の為になきことに種々惨に御せし法の首なる者の
機に合へ会えしく其忠と一定して殉死せんと欲せし者多かり

〈53ウ〉

并攻撃して三国用して落去せしむ寛永年間（千六百年と記せるは遺忘）
（七…）二百余年ありし即ち耶蘇紀元一千六百三十八年（寛永十五年）十二月に至てよ
り日本紀年の書等に記せしといへども各自の
たくひ古の吉利支丹の残党の事を委曲に記して日本に
於て渡来今跡を絶たる事なし…如かの
殺伐悲哀なりし前後の凶渡れ一瞬なりしなり殊に
吉利支丹の血を流せし前後の二流よ及びぬと
いへども苛察甚戦の合を止めなんや千六百年余（元禄二年）の比
なりしか（検使奉行等…）此の如く日本国中悪路掃浄し
…出し申し外人を拒しむ及国人を拒しむ世に鎖国に

〈54オ〉

頑固せし国禁の後〔此は千六百四十年の事にして寛永十七年にあたる　国禁は此より以前の事なりしといへり〕海舎継

及ぶに人使者をミヤコ〔此はナガサキの港にてありしとぞ　按ずるに自餘の蕃舶は長崎に来る〕まで遣しけれども

其申談をもなく殺済ど勅あり来る使僧なりけれど即ち捨て

害なることしるしたるにあるとかの國の朝廷にて

命を頭の家族の一四家に逆らひて国中に入来せし人と謀りし

の罪科とし死刑に行ひてこれらの船に使者と従者と

その数六十一人チイヅルの為命にしたがひて斬罪せられぬ

唯その党を穿鑿する奴僕漢に数人残しおきて〔此は十三人の中十三人は命下しわたして海上をもて帰らしむ〕

〔其船をやきぬとりかへし奴〕殺しまて帰国せしめ其国の人に我が済様なる應

對に関逢ひしの旨を告げさせて其を遂しむ

而時諸国人を蠱惑せし南蛮人ハ波爾杜瓦爾人のことハ
阿ノ波伊斯巴泥亜人と称しけれど波爾杜瓦爾の所領なれハ
さるゆへ少しもよしき別りハ異所なるもかくハ属す
思ひしものなり其二国皆和蘭の南方に有りて各王長
有りて別なりしを以ても察尓後謀りて殆と一国の如し
又趣意を書し伊斯巴泥亜よりして孫ハ其地も波爾杜瓦爾ハ
伊斯巴泥亜の麾下なりし一族ハ諸国を通商の事をとし
伊斯巴泥亜より後見せしことを受たる事なりし
伊斯巴泥亜ハ呂宋と呆宋とし波爾杜瓦爾ハ臥亜と呆宋
と波杜和蘭の咬噌吧なるが如し臥亜人垤敢国中の

〈55オ〉

一 大湾なり又波尓杜瓦尓の亜媽港ハ和蘭の臺湾のやう
如し何れも我国より通ひし所なり今も二所皆支那ニ属す
波尓杜瓦尓人ハ右の外ニ弁巴亜(カンバヤ)恩魯謨斯(オレミュス)とて印度の大
城ある所を押取りし居られしかとも今ハ弁巴亜ハ莫卧(ミロ)
尓(ル)ニとられ恩魯謨斯ハ伯尓斉(ペルシヤ)亜国ニとられぬといへり
波尓杜瓦尓と我国と交易せし事ハ検夫尓か書を案するに其ハ言よ
いしく其交易の前後盛衰詳ならすといへとも其最盛なりし時年々
運輸せし所の金三百トンに過たると也此ハ大概にても大利
なりしと知るへしといへり一トン各今の衡にして大約四百貫
目なり言ふ心ハ拾弐万貫目なり又いかく其利の実ニ知るへし

運来運送せし貨物各一倍よりして其より数倍の利を得たり又曰ク

千六百三十六年寛永十三年船四艘にて銀二千三百五十貫目を輸し

去る諸人私の銀をも輸せしか翌年六艘にて銀二千百四十二

貫三百四十九匁余又五艘翌年小船二艘半にて二千百八十貫目余

皆銀を以て三分と輸せしといへり舟しく諸方の事を記したる

ものにも検夫氏見えしとこそいへり原文に銀を一文八分と

いへり但之に訳し今の文法には異なる也其後二年いく艘か

交易衰微の極となりし又いたらし其全盛なりし時の

ことにしは凡そ二十年と云ふに経しかとも惣て其れたり

亜媽港より輸し来る財宝の積はかの古のサロモン王の時に其城中より

〈56オ〉

ありし金銀を遣ひ切りぬ是に於てサロモンも三千六十斗り

前かりし王の名なり此者たる家に侍言に門なるめ出より

但し常に言る拾遺の貴目は金銀の身をよりて紫は徳この貨

也とよう

一 和蘭国の印度文昌宗にも第十七世の初の頃より当時に至

蘭僕（西洋暦年より千七百年に至る第十七世紀）の亜西亜なりとて新[illegible]に至る人の

ごとく[illegible]りして既に[illegible]国家の[illegible]せる地に在る人を[illegible]

左右のごとく[illegible]の所有る者天文[illegible]の事を授けて

[illegible]しは（海よりきたる大陸と[illegible]城と[illegible]よう）此[illegible]より[illegible]極と

彼の人と[illegible]人の国[illegible]如くに[illegible]にして[illegible]

〈56ウ〉

免しそ到りしケイツルより許容の書二通を賜りて通
商通事を免されし豊臣秀頼の千六百十一年慶長十六年
ケイツルイエヤス公より賜りし又の千六百十六年元和二年かの許諾を
継ぎるヒテタヽ公より賜りし状を継しし和蘭人の幸に於て須く
須所と云の所にして平戸を去りて長崎の港内に於て
前々諸所にある人民の為に築きたる出島に移り閉闔せる門の内に
其頃を経て和蘭人将来の住宅と定めらるゝことゝせられ
主たりしかもそれらの如き事しかも之を放縦にして之も遅し
よりの事なれども我等も又てある所に許多の防禦の官府
禁制あるとなしてかゝる事に於て詳細なる事をまさに定めし

〈57オ〉

守り成ることを営まる者の苛き検察を変て害り因ゆゑ
を覚人ゟ殊なる所識なくしもなく唯ニ力量ゟ注進ニ係りて万
亜細亜洲の動揺如何と為るべき此亦強ト更リ用ゆるにあらずや
さしたる所置の論く須未ニ施ニ論し経のことに其上の人
として誠ニ許しく毎年五千万コロ一ン（コロ一ン銀銭の名なり 一コロ一ン文銀ニして大坂ニ々匁ニ当る位也）
（然して自然）宰方ニ出てハ巳ニ此の貨殖と為ることを理とし継しかく論ずるとて
日本人も和蘭の貨殖なくて止る事を知らず思ふ人ハ実ニ
謬迷ることと謂ふ可し 和蘭ハ一年ニ入る所の給布の数の
如きハ日本小くハ僅ニ一七の一ニしかしの為し在り
但案ずるに極めて香かしく経々の軌案諸々の貨物の如きも係失会

〈57ウ〉

のみきしハ茶碗の底なるゝし　茶ハ和蘭のものゝ名にして和蘭の茶なるとぞ　口なりの意とたまはりまして検夫尓
[illegible]
右の文に和蘭人とさして稱しいへるは総名のことにて文ハ検夫尓か紀年
熱尓馬尼亜（ゼルマニヤ）國の産なれハなりけり熱尓馬尼亜と上都逸（ドイツ）國といひ
和蘭と下都逸（ドイツ）國といふ和蘭人の来りて居るに大阪にて千貫
目にして元禄の頃ふてもニ三百貫目よりも高出す検夫尓
今長崎に申貢尓二年めの頃ニ三百貫目とし三十貫目ぞ検夫尓ハ
三千万タイルとちかひ　一タイルとハ十匁なり　出島ハ南蛮人市中に居るを御停止ありて
くめの寛永十三年に築出せし記録にあり検夫尓曰ツ
二百年の証書の事かりしせて渡海を拒尾尓人と頭か國の検夫尓の

〈58オ〉

なりとして出嶋に居んとす今の和蘭人の如くなり

一支那人ハ旧来人の法の蘗然学術をも篤愛し頗る其説に憾に
引て教法をも授かつ所ありしも土漢国の法を断ちて邪道なる様
範に於ても認て惑乱しあるハ害ありて其恩を擬へる所なりとて在
于一切異俗拒絶の列に附し其儒者に依りて治意に交易を許さ
継続しぬるべき但し定て長崎に来る通し以て他港に入る
ことなくしもしるのゝ斯の如く許容をうけるの徒ハ支那のみに
限りしかの支那国最後に韃靼の為に併せられ時の変に係はる
え人の幽世教へて到達する所の東方 東方ハ歐羅巴よりてさきの称 諸
諸王国 東京暹羅東埔寨の如きを王国とし又王国といふ其多少如きを 呂宋港などいふて皆支那人の貿易するところにして渡来ス 皆化して壊

〈58ウ〉

吉利支丹の教の説法支那国に漸々蔓して其の後に於ても嫌遠る
日本にも於て其事に預る訓の書籍の中に潜して、かの吉利支丹説の
著を解して、而も其を添へるのことを記の吉利支丹説の著を
解して、而其後遂ある事を又くれぐれも此を厳く其の万民を禁
のみに害ある換物として遂に此邦に於ての狼藉を
然るに漢語にて訳する教法を更に再び禁せしめんとせし
ことにいふに其事は大に日本朝庭の厚愛とせり、故に球文
して此邦に之を戒めて和蘭人に向ひ其戒むる所の漢文にて
相同しきに之がゆゑ唯に相同くして之を考へ、知慧を以て
日本人の詭計を推はかり、和蘭人の如くなるも尚其境

〈59オ〉

界外ニ和國へハしも常也り能ふかすし終ニ多く不出所ゆし
く支那へハえいく往しの國ニ不住る者まてまて遣ハ力を竭て
本邦者本書をんし迄て今上各嫡會貪慾ゆへく我ら好む者ニ利
小姓ありし中ニまさし悪魔と思ても無きりんのと破り
吉利支丹教法許容の事纔ニ支那國中ニ於て行ハレしハ
千二百九十二年ニ当つてヒエブ子ル人称てコウランニツトルクワ名け申候へく
あり此之後天下泰平の後二年ニ於て禁ハ許容も
於て許あり前の事也然し日本ニ又ハえゝし吉利支丹教
支那國ニ来て二流ニ分りて一流ハ儒と號へく我らと尊り
祖先を祀ることを許し一流ハ儒法と思て號へそのかふ不

〈59ウ〉

備を浮せさるものは拾か国より禁止せられ又備を離さる
ものも後所に支那帝の命によりて支那国より追遂
せられぬといへり、抑支那は文明の国なれは尤も其利
支那人争か欲しからさるの事なりしといへり
一 東照宮小将の女の子か小判を国家に令し須国しかるへ小判を取りつけは人々も
一 両とし三帝王の所那弘寸に於て嫁とする事へきしの所にて
なし 太宗皇帝は徳洋しぬれは至業保の為の事ことし
ありし万民皆々一定しぬれはまた其類の善を以ての為へきし
なく 異国の為に欲とかし 様とる事の学ふる所許して異
国に通好するの学するなく悉く異国の流伝と受するの法を

〈60オ〉

なく一切の法空と申事也不見るもの也し是を能悟て悟くこと
即開セしより己の事を説めて如の開悟の道史文字易悟意故
地の諸の諸の事を計て色身相落法界の宗命読人の令
列かより百千の肆とさ不遣して極楽の様式を頌し定く
脚名を移し形れり化をし無局の霊業功なし法則を
三くまし道を暮をし仏を賞して民を立て勧励の心を
起して戈銀を收純して有国の事を発明とし又よく
評多の路を居く眼目を張く民の本訓を寄をしめて
是を保く之に上の宣をん矣さしめ各をして心を
新して民本を勧め行しめ克く一国を挙て社稷保守

〈60ウ〉

掌握となし人民を新のことくして世間主の如とんて上安の苦患
有福の饑を救護して国中内乱の憂なからしむ境域の
表勝を遂ひると群下の能力を致さしむ不委任して且異国の
人の知り及の栄とかくして羨慕嫉妬の心を懐くことを遠み
悪あり実に日本国の法禄なることを他の為さしむなく
外国本邦家の憲るへきもなく流球朝鮮の三藩なとし近傍の
諸島蝦夷の故を叛かす日本帝を尊て君長として服従
支那人実に韃靼の国に服して支那人は日本人の為に服従
患ひしむることなく互に人を敵の計謀なく
悦きものとしる人海兵の常なし難艱の経なりといへる

〈61オ〉

降り許多の諸侯諸国と統御あるの委任有りし権とも
を朝廷御所の地を擁して異国より来る人にて強く偏りし事
出る人々の皇道に何とも浅き事道ふる今日の異なき文郡とある
国人の帰する皇国を狭めいとも何かしこし異国の世間
経り畢りませる　中興三公　攘夷に有志し委細を極て
の御子たる征夷の御源
謹慎して又大いに諸侯何の我より河内国世への其党
後世とも衰絶し殊に皇家の御衰運又くしく宗家にも国法と
守りあるは君父の子として成長しく壊乱と為すべき国体を
其の蒸民ども則ち貴き人民ことなるにこそ福禄を受け無窮と
為し今の体図見ゆるべし相報情し予の以ては明らかとなる也に

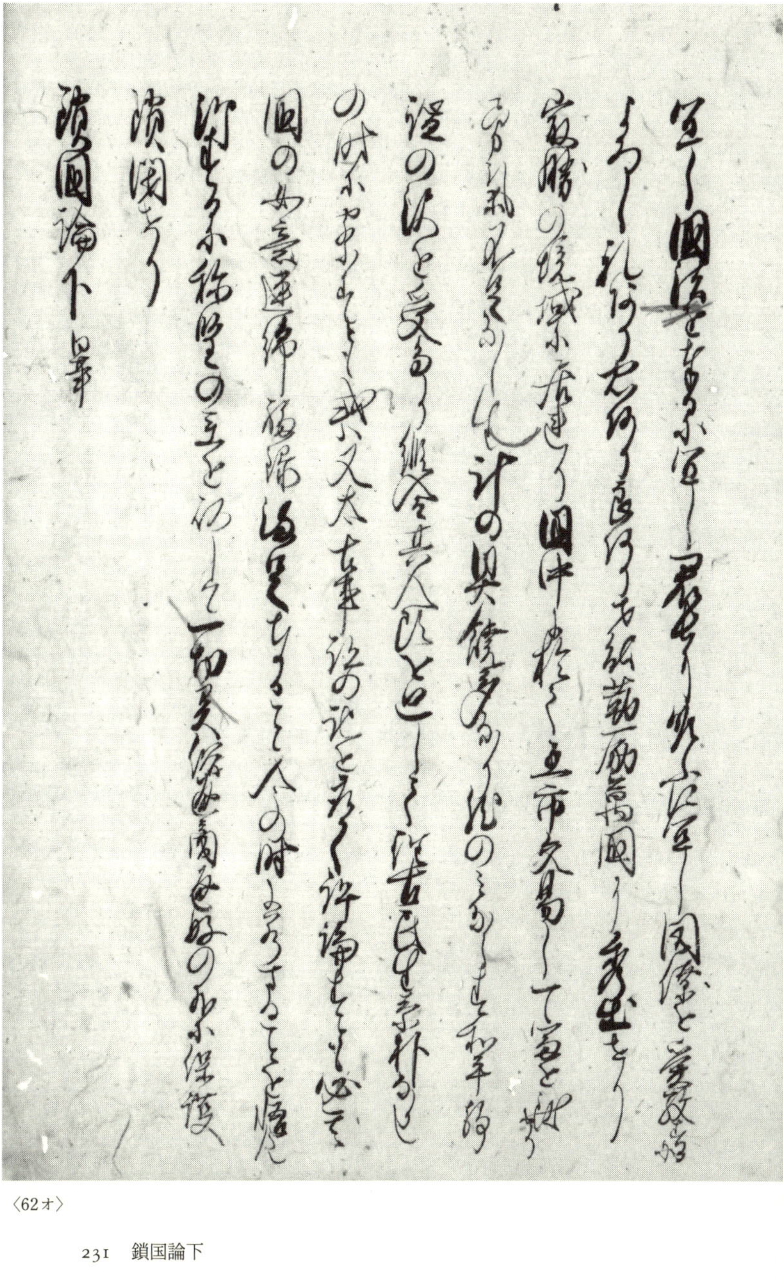

〈62オ〉

西洋の大意を案するに諸国の中間ハ遠山海隔りて
諸州の中間ハ海氣隔りて如く世界に異説多く我人各々説
説ありて天上ニ異経異代殊状殊異の二気隔るか如し
然るに同く一地球にして其中に万国各々遠近寒暑の
理ありといへとも西文せさるといへとも安危せしむる事ハ決
皇国ハ其教の源流を以て地球の万国何れに至るとも
其遠一国の小地球なり只万国の人各有其所の海陸
をも経て西文西書をも学ひ是を以て諸国の事に於て
故に其親の事により海路悠々遠く大洋の広険
を犯し是異域に出る事を以て親の為に尽さる業とす犯

〈62ウ〉

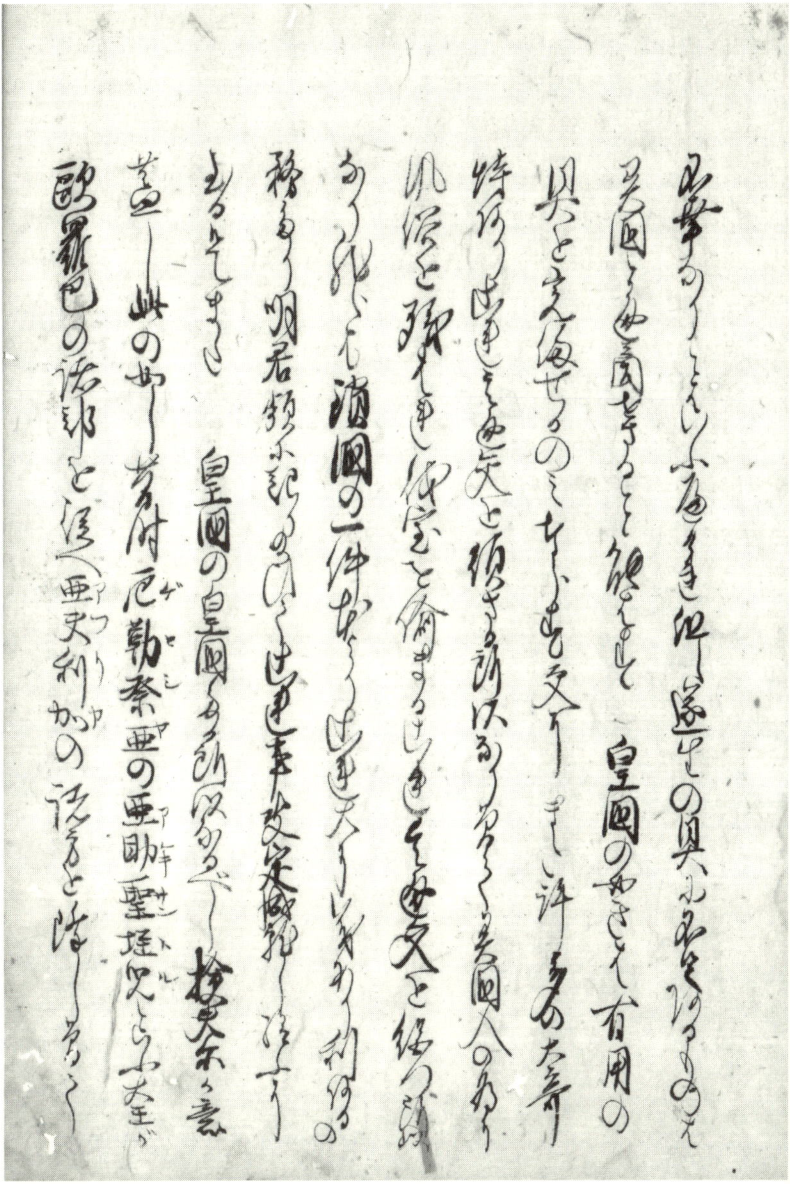

〈63オ〉

亜細亜ハ一千八百余方の土壌と称して三百三十八余万の
人民を有し欧羅巴阿弗利加亜墨利加と競して三大洲と
称する文化の東方より以て印度の諸国と係争し丹東
人種の別あれとも西南北唐呂を通ていふことなく今の莫臥児（モコル）諸侯のデリ
の地にも今猶亜細亜堪的の古跡ありて又今の莫臥児王さへ自後して亜細亜
堪的の地をなして厄勒祭亜の古へ海の希臘亜の代より又を示すと
亜克文里亜の代より羅馬よりよ羅し
千歳前の代をとおして貝多羅と称して
揖さしてし足へらしい権り巴両本にて其国羅馬
の都となりて年始厄勒祭亜の王業成就ハ克安年の年より凡ソ天下の爲に用
公家崇百邦挙奈濁乱の小揺なしていまた
亜国の奴となりしさ我国の如なるの交りせとし海

〈63ウ〉

りう北の今かの魯斉亜人の大にして國を開く此大氷海り
界り西ハ波羅泥亜穩尓斉亜り遍り南ハ佰尓齊亜尓
通りまして達して東方小向ひ多く東西諸蠻の地を併せ
子ルトシンスユイしゝ人ゟ所小至りて支那小通り又奥ハ蝦夷のカムサス
カ小到りて我小道らんとせる如せて我主くも引小一島の
庭と境をなすか小然れハ也しも此ヲカ斤スカの地なるや所小て南國
となりて二千里小しく又新國小移して海を為さして蝦夷と隔て
前後の役利を望み且つさ彼か本國小て都児格國並小せる泥亜
國号の終大るゟ小對し只波羅泥亜の変乱屡々なりし此
此事を以て達しそれを伸して我帝を新国小帝

〈64オ〉

和蘭の国に宿らんことは新たなる中の新事なることにて出来し
かゝし古人の訓詁教に而愚の数に加へられし中にも新
国を守護せる訓蒙なる身を其事を翻訳せるも纔
玩媛に異人の為に詞にせ拝算此かる況難き国の中毎に
新の有難き　御代に治て　太平の餘光を以て上なる
為遊の恵を学ぶとゝのあるのしるを誌して出んと云の息を
後の一助ともならなんとしもりし思ふべきかるべしと為人
なる

享和元年秋八月

〈64ウ〉

享和二壬戌仲夏中野某より借得摹之　高久年蔵

〈65オ〉

〈見返し〉

〈裏表紙〉

Ⅲ 解題篇

解題

○『鎖国論』（写本）の書誌略

体裁：一、大本（縦二七〇ミリ×横二〇〇ミリ）、四針眼。
二、表紙は淡緑色。
三、墨付六五葉（訳例の部三葉、訳者評言二葉、本文六〇葉）。
四、外題、貼、書き題簽、鎖国論、全　と書す。但し中扉は〈鎖国論 乾坤〉とあり、
本文は〈鎖国論上／鎖国論下畢〉とある。＊旧蔵者、「岡田氏図書」の印顆あり。

成立：享和二年（一八〇二）＊訳者生存の時である。

『鎖国論』はよくしられているとおり、旧長崎通詞（通詞はtolk（トルク(コ)）という）、志筑忠雄（しづきただお）（中野柳圃（なかのりゅうほ））の翻訳になる。志筑が通詞を辞した直後ごろの翻訳と考えられる。原本はE・ケンペル Kaempfer

——出島の医師として、元禄三年（一六九〇）来日、ドイツ人——の“The History of Japan”（日本誌、英訳本、一七二七年初版、一七二八年再版）の蘭訳本、“Beschrijving van Japan”（一七二九年初版、一七三三年再版）の付録第六章の部分——Aanhangsel van de “Historie van Japan” (VI) “Onderzoek, of het vanbelang is voor 't Ryk van *Japan* om het zelve geslooten te houden, gelyk het nu is, en aan desselfs Inwooners niet toe te laaten Koophandel te dryven met uytheemsche Natien 't zy binnen of buyten 's Lands.”を、享和元年（一八〇一）に翻訳したものである。但しより厳密にいうなら、ケンペルの別著（生前の刊行）『廻国奇観』（ラテン語、Amoenitatum exoticarum, 一七一二年・正徳二年）に収載の日本関係論文（六篇）の最終、第六——〈探究（穿鑿）——現在の如く日本が国を鎖して人民が外国と交易を営むことを許さぬことが、日本を幸福にする助けとなるや否や〉の意——の部分を『日本誌』に収録したもので、これを訳者が、〈鎖国論〉と意訳した小論である。本文中に柳圃の案文があり、ノアやソクラテス、マルコ・ポーロ、孔子など、史上の重要人物の名もみえる。

さらに、〈鎖国論下畢〉と本文完了につづいて、〈通篇の太意を案るに〉として、約二丁半にわたり、〈予が是書を翻訳するも徒に玩娯に具んが為にはあらず〉と、訳者の論説・感想ともいうべき記述がつづく。江戸二百余年の太平を肯定した論説である。翻訳にふみ切った柳圃の思索家としての一面をしることができ、貴重な文言ではあろう。なお『鎖国論』は江戸後期のインテリの一人、蜀山人こと大田南畝（長崎に役人として滞在）や、国学者、伴信友、水戸藩士、小宮山昌秀、また作家、滝沢馬琴など、さまざまな人物も愛読、書写、また感想をつづるなどしており、写本としてもかなり普及したようである（いずれも論評とはいかず、感想にとどまる）。幕末には黒沢翁満により、『異人恐怖伝』の異称で、〈刻異人恐怖伝論〉の小論を付し、嘉永三年（一八五〇）に出版された（二〇〇部限定印行、公開のはじめ）。志筑の真意とは遠ざかっての存在となる。

いうまでもなくこの『鎖国論』は、史学のみでなく一般的用語となった〈鎖国〉の語の原点を示し、当時のみでなく現代にまで大きな影響を与えているわけである。しかも今度翻刻の『鎖国論』は末尾の識語として、〈享和二壬戌仲夏中野某ヨリ借得摹之　高久平蔵〉とみえ、志筑が翻訳した享和元年の翌年（志筑生存の時）、高久平蔵なる人物が、〈中野某ヨリ〉（傍点筆者）とあり、おそらく中野柳圃＝志筑忠雄本人から借写した貴重な写本と考えられる。志筑による訳稿の一本と推定してよかろう。高久平蔵については未詳、長崎乙名の一人でもあろうか。

○校勘の記

『鎖国論』は扉に、〈鎖国論 乾坤〉とあるも、本文は〈上・下〉とある。また、〈鎖国論下〉の冒頭より数丁は、〈鎖国論上〉の部分と墨付、書様がいささか異なり別人の手と思われ、果して高久氏（または書写を依頼された某氏）一人の筆かいささか疑わしい。またつまらぬ誤字が散見するのも気になる。

なお本文、〈上〉の部に朱で一箇所書き足しがあるが、これはおそらく書写と同一人の手であろう。写し残しに気づいての挿入かと思う。また〈下〉の冒頭部分に四箇所、書き入れ的な文言がみえる。これは同じく写し手によるか、この写本の読み手の自己感想の一端を記したと思われる。また同じ〈下〉の一部に「　」(朱)で、文言の一部をくくったところがあり、あるいは重複、不要として削除すべきことを示したかと思われる。いずれも写し手か第三者か、断定は不能であるが、訳文とは直接関係なしと思われる。なお同時に影印を付したので、本文中の誤字などを示す〈ママ〉を廃した。翻刻に疑問の点は影印により各自が確かめられたい。

○翻刻の意図

今度、『鎖国論』を翻刻公開しようと決断したのは、これまで管見ながら『鎖国論』の研究論文の多くが流伝の写本でおこなわれていて、しかるべき写本を翻刻し、印刷に付したものは過去わずか二本にすぎぬという事実に気づいたからである。一本は幕末、一本は明治初期の刊行である。

二本といっても、実は一本というべきかもしれない。何故なら後者、すなわち「少年必読日本文庫[五]」という〈帝国大学教授正七位内藤耻叟先生校訂／鎖国論／東京博文館蔵版〃明治廿四年十月〃鎖国論附考／文化八年夏六月十九日　水戸　小宮山昌秀識〉の一本は、幕末刊行の『異人恐怖伝』の本文――これは漢字に総ルビを付す――を活字化したと思えるからである。同書が何を底本にしたか、まったくことわりがないので私の推量である(『異人恐怖伝』との比較はおこなった)。したがってこれまで誰でもが読めるような活字による信頼すべき『鎖国論』は一本もないといえる。上の二本もいわゆる異体字、変体仮字（江戸期は音類仮字とよぶ）の使用があるから現代人には読みにくいであろう（ここでは使用文字の考察は割愛する。岩波文庫の翻刻類をみても、原文の仮字が読めていない例をしばしばみる）。

私は特に『鎖国論』を対象に研究しているわけではなく、長年、志筑忠雄（中野柳圃）を、それも語学、訳語に限定して考究しているにすぎない。今回も江戸期、オランダ語からの翻訳語を検証し、それを公開するついでに、『鎖国論』の翻刻を考えたにすぎない。これまで研究者は多くの写本により『鎖国論』を考察していると思うが、活字化されたテキストはなしなのである。

また現代でも原本（オランダ語）による翻訳の例はなく、多くの研究者が原文、オランダ語版『鎖国論』によっての考察をしているとも思えない。多くの研究者が写本により比較検討しての『鎖国論』の論を構築しているようである（調査不足でようとしかいえない）。確かにその労は多とするも、やはり正確な本文確保がまず考察の第一歩と考えるので、何より翻刻して誰にでも読める資料を提供すべきと思う。

つぎに私が資料（翻刻と影印）の公開にふみ切った理由は、これまでの研究者の諸論考を通読して、ほとんどいずれも志筑忠雄生存のころの写本ではない——もちろん自筆本などではない——後世の写本を使用しているようだからである。いうまでもなく古いゆえに貴しとはいえない。何よりも写し手の手腕が問われよう。その点、今回の写本（仮に〈中野本〉とする）も誤字脱字があり、果して志筑の元翻訳に一〇〇パーセント忠実そのものの写本か疑わしい。そのあたりを含めての評価は今後の研究にゆだねるが、多くの写本を閲覧されている研究者各位の批判をお願いしたい。

そうした中で、本文批判に関連して私の気づいた一つの重要な点は、呉秀三訳註という『ケンプェル江戸参府紀行下巻』（駿南社蔵版、昭和四年）に収載の〈第四　日本国に於て自国人の出国・外国人の入国を禁じ、又此国の世界諸国との交通を禁止するには極めて当然なる理由あるの立証〈鎖国論〉〉（同書五二六頁以下）とある〈鎖国論〉のことである。これは独逸語版からの翻訳であり、志筑のそれと異なるのは当然であるが、それは横に置いて、呉氏が、〈英訳本、仏訳本を以て校合〉しているのみか、『異人恐怖伝』なども援用しており、当時の段階で写本類も比較検討されているわけである（同書〈序言〉を参照）。そしてその翻訳文中に、〈志筑本・坪井本〉と称する写本の参看がみられるのである。この〈志筑本〉として引用されている引用の文言が、私の〈中野本〉と多くの点で一致することが判明したのである。以下参考までに、とりあえず両者（〈中野本〉と〈呉氏の註記〉と示して区別する）で一致ないしきわめて一致する文言を、十七か所ほど抜きだしてお目にかけたい。前者の註文の場合はそれと断りを入れる。

(1)〈中野本〉（四三頁）○木筒の中の微く窪れるが上に其頭を置り——呉氏の註記（五四六頁）○志筑本に云『木筒の中に微しく窪める上に其頭を置く』

(2)〈中野本〉（四四頁）○其気象に韃靼人の威烈猛悍と支那人の恬淡穏和と相合せたる所あり——呉氏の註記（五四七頁）○志筑本に云『其気象に韃靼人の威烈猛情(ママ)と支那人の恬淡温(ママ)和と相ひ合せたるところなり』

(3)〈中野本〉（四七頁）○〔註文〕柿蘭語にヘイゲといへり、ヘイゲ実は優曇鉢のことなれども、

今柿と訳すること習あり／〔註文〕西山か、何の国の地名なりや――呉氏の註記〔五五〇頁〕
○志筑本には『柿と訳して、註に柿は蘭語にヘイチ(ママ)といへりヘイチ実は優曇鉢のことなれど
も、柿と訳することならひなり』と記せり／○志筑本に云『西山か何れの国の地名なりや』

(4)〈中野本〉〔四九頁〕〔註文〕○欧羅巴人こそ綿を以て紙を製すれ、支那も又然りや――呉氏の
註記〔五五二頁〕○志筑本に云『欧羅巴人こそ綿を以て紙を製すれ。支那人も又然るか』

(5)〈中野本〉〔五一頁〕○音声符合の格を基として立るの術――呉氏の註記〔五五五頁〕○志筑本
には、『音声符合の格を基として立つるの術』とす

(6)〈中野本〉〔五二頁〕○治術を施すこと多端ならず。外服するには火と鍼との二なり。是二者
功力甚大なりとす――呉氏の註記〔五五七頁〕○志筑本・坪井本には『治術を施すこと多端
ならず。外用するには灸と鍼との二あり。是二者其功甚大なり』とあり

(7)〈中野本〉〔五八頁〕○既に神明に於て至近の一族として、又尊敬を受ること神明の如なる御
身にして、世事民事の統御を自己の御手にかけ給はんは、其位に較れば卑下なる業ともいふ
べければ、是等は宜しく世間の人に委任し給ふべきの道理なるべし――呉氏の註記〔五六二頁〕
○志筑本には、『既に神明に於て至近の一族として、又尊敬を受くること、神明の如くなる
御身にして、世事民事の統御を自己の御手にかけ玉はんは。其位に較ぶれば卑下なる業とも
云ふべければ。是等は宜く世間の人に委任し玉ふべきの道理なるべし』とあり

(8)〈中野本〉〔六〇頁〕○第十六世〔註省略〕の初の頃在職なりける将軍、其所(を)業を起過(ママ)し、一
挙に奉上の務を棄絶して、自立して世間最上の君となりぬ――呉氏の註記〔五六四頁〕此〔第

十七）世紀〔○志筑本には第十六世紀とす〕の初に当りて、是も軍将として遣されたる凡俗的政府の……彼は祖先より伝はれる○志筑本に云『此頃在職の将軍其所業を超過し、一挙に奉上の務を棄絶し、自立して世間最上の君となりぬ』

(9)〈中野本〉（六四頁）○古の名高き暴君デイヨネイシス〔王名〕が、象儀（ママ）を高く遠く人目の及ざる所に懸て（テ）人をして得て読べからざらしめて、此によりて犯者益〻多して罰すべく殺すべきもの、数、甚大なるに至ることをいたせしが——呉氏の註記（五六九頁）○志筑本に云『古の名高き暴君か象魏を高く人目の及ばざる所に懸て、人をして得て読むべからざらしめて。此に依て犯者益多くして罰すべく殺すべきもの、数甚大なるに至ることを欲せしが如し』とあり。又坪井本には『是に由て犯者益多くして罰すべき者の数甚多きを致せしが』とあり

(10)〈中野本〉（六四頁）○帝命に違はんものは、身窮に罰を受け死を受るの外、更に宥赦の頼有ことなし——呉氏の註記（五六九頁）○志筑本には『帝命に違はんものは其身に罰を受け死を受くるの外なし』＊〈中野本〉の〈更に宥赦の頼有こと〉の文言なし

(11)〈中野本〉（六六頁）○ヨハンネスハジリデス〔其名〕の群下を御するに、鉄鞭を以すべしと常〻言へりしも、正しく日本人の如きを謂る者也〔註省略〕——呉氏の註記（五七一頁）○志筑本に云ふ『ハジリテスの「群下を御するに鉄鞭を以すべし」常に云へりしも正しく日本人の如きを謂諮（ママ）るものなり』

(12)〈中野本〉（六八頁）〔註文〕○検夫尓自註曰ク、秀頼後に爵位および生命を失はる——呉氏の

註記（五七二頁）○志筑本に云『ケンプェル註云秀頼後爵位及び性命を失はる』

⒀〈中野本〉（七七頁）〔註文〕○都合七十三人の中十三人(ママ)助命せしかども、海上にて行方知れずなりぬといへり――呉氏の註記（五八二頁）○志筑本には『七十三人の中十二人助命せしかども海上にて行方知れずなりぬ』

⒁〈中野本〉（七九頁）〔註文〕○海上より多く大銃を発て、城を撃たりといへり――呉氏の註記（五八二頁）○志筑本註に『海上より多く大銃を発し城を撃ちたり』

⒂〈中野本〉（八〇頁）○貨物の如きも、侈奢の為または薬餌の為にするのみ（薬は切用の物なれども、和蘭の薬なくとも、日本の憂となるに足らざること、検夫尓よく知るが故に、斯くはいへるならん）――呉氏の註記（五八四頁）香味料の如きはたゞ嗜好・奢侈（○志筑本には『薬餌』とす）の用をなすのみ〔註文〕○志筑本にこの次に云『薬は功用(ママ)の物なれども、和蘭の薬なければとて、日本の憂となるにあらずといふこと、ケンプェルよく知る。故にかくいい(ママ)へるなるべし』

⒃〈中野本〉（八一頁）○支那人は日本人の諸の芸能学術をも伝受し、現に其地に盛に行るゝ教法をも授りつる所にして、其上治国の法も頗るかれが模範に習ひて成就したれば、実に其恩を担へる所なるが故に――呉氏の註記（五八四頁）○志筑本には『支那人は日本人の諸芸能・学術をも伝受し、現に其地に盛に行るゝ教法をも授りつる所にして、其上治国の法も頗る彼が模範に習ひて成就したれば、実に其恩を担へる所なり』に作る

⒄〈中野本〉（八二頁）○彼等は智慧を以て日本人の詭計を拒み防ぐこと、和蘭人の如なること能ざるが故に――呉氏の註記（五八五頁）○志筑本には『彼等は智慧を以て日本人の詭計を

拒み防く（ママ）こと、和蘭人の如くなること能ざる故』に作る

以上のように呉氏のいう〈志筑本〉は今回公開する『鎖国論』と非常に近く——右はすべて例文をあげたわけではない。他にも志筑本と対照すべき例あり——九五パーセントは一致、多少の語句の異なりを無視すればほとんど一致するといってよい。そして呉氏は『鎖国論』の最終尾にこうのべている。

訳者〔呉氏のこと〕云。此編には古く志筑氏の訳本ありて、訳意（ママ）訳語亦頗る妥当にして本書にも多く之を踏襲せり。志筑氏は之に鎖国論と題せり故に亦之に存す（同書、五九五頁）

右のとおり呉氏はその独逸語版からの翻訳にあたっても志筑の翻訳を参照し、比較検討していることが判明する。しかし残念ながら私の力不足で、この〈志筑本〉の正体、存在などついに確認できず、研究者に報告できないのは残念である。もとより呉氏も〈志筑本〉の書誌について一切同書でふれず、さながら幻の写本ということになる。但し氏の註記に、『異人恐怖伝』がこの〈志筑本〉を底本にしたように読める文言があるので、同氏は〈志筑本〉をそう想定したともとれる（『ケンプェル江戸参府紀行』収載、〈ケンプェル江戸参府紀行序説〉、一四頁）。なお蛇足を加えれば、呉氏が〈坪井本〉として〈志筑本〉同様に参照、引用している資料も、今回の〈中野本〉と対比してみると一致する文句を多くみる。

＊

終りに念のためにのべれば、写本の扱いで字句・短文の異同についてどう解するか、問題となろう。一例をあげると、研究者の論文で、この部分は〈抜けている〉という言い方をみるが、これは何を基文（原文）にそう断言できるのか不明。いうなら現状ではすべて、AとB、Cなどにはこう異語異文があるという以外に正確な断定は下せぬと思う。その点、私見ではやはり最終の志筑の評言（翻刻本七四〜七六頁）の末尾に近く、〈斯る有難き御代にあひて、太平の草木と共に、また上もなき雨露の恵を蒙ることのたのしさを語り出んときの興を添るの一助ともなりなんかしと、思ふばかりになんありける〉とある文言が、『異人恐怖伝』（傍訓は省略）に、〈かかる有難き御代にあひて太平の草木と共にまた上もなき雨露の恵を蒙ることの楽しさを語り出ん時の興を添る一助ともなり兼ては又異国異風の恐るべく邪説暴行の悪むべくして普く天下に求れども更に尊むべきの人もなく仰ぐべきの教もなき事を悟りて外を禦ぎ内を親しむの最切用なる心を固くするの道において微く裨益する処もありなんかしと思ふばかりになんありける〉とあり、波線部分、〈兼て……裨益する処もあり〉の文言は本来、志筑の『鎖国論』には無かったと考えたい。志筑自身が翻訳後に加筆したものか、後人が加えたのか、また本来は存在したものが、〈中野本〉では写し手が欠落、抜かしてしまったのか。私見では、のちの写本類では、『異人恐怖伝』同様に右の文言が意図的につけ加えられたと解したい。〈中野本〉で抜けたわけではないのである。すくなくとも志筑は翻訳の時点で、〈楽しさ〉を語れば十分であって、異邦人に対して憎しみやその行動を防禦して国内平和を願うような心情、表現は不要であったと考える。あえていえば波線部分が後人によって加筆されたことこそ問題なのではあるまいか。しかし先に断ったように、加筆か抜けかというより、現時点では異文（異語）という断り、指摘で筆をとどめておく。

今回の翻刻により私自身の『鎖国論』研究の第一歩がやっとはじまった。これまでの多くの研究者に知られていない珍書、珍本として、一本を翻刻することにより、今後の『鎖国論』研究に多少は貢献できるのではないかと思う。そう願っている。

*

ここであえて和辻哲郎『鎖国　日本の悲劇』（昭和二十五年四月、筑摩書房）への私見をつづることにしたい。私の鎖国論の一端であり、それは私の〈鎖国〉認識の浅解――もはや五十年もむかしになるが――を告白することになる（なお私の目にふれた論文などに、出版元を岩波書店とするものが多くあるが、まちがいなく今机上にあり、対している和辻氏の『鎖国』は筑摩書房刊である。念のため）。

和辻はその〈序〉で、〈「鎖国」といふ言葉を選んだが、それはこゝでは「国を鎖ざす行動」を意味するのであって、「鎖ざされた国の状態」をさすのではない〉と断りがある。この点を読みちがえると和辻の論は誤解か曲解を生む。私見の結論をのべれば、私は和辻の論に組する学徒である。ケンペル（自署では堅不留）が『鎖国論』でのべているのは和辻のいう後者であって、和辻の論とは別の世界といえる。堅不留も、〈国を鎖ざす行動〉を、〈国を鎖ざ〉さなかった江戸以前と比較してその優劣を批判している。しかし結局、〈行動〉をいつの間にか〈状態〉にすり換えてしまっている（この方が目的であったのだろう）。その結果、『鎖国論』では約二百五十年の徳川時代の〈鎖国〉を絶讃することになったのである。

　しかし私の——個人的経験をとおしても、そして明治維新で日本が近代国家として脱皮せんとした一つの目標を考えても、〈鎖国〉という行動はマイナスであったと思う。和辻が論評しているように——和辻の『鎖国』はその目次を一見しても了解できるように、江戸時代の鎖国体制の是非については言及せず、むしろそれ以前、即ち鎖国以前に力点をおき、日本人、異邦人の行動について史的考察を加え論評している。植民地政策がよいことなどとは私は認めないが、もし日本が鎖国をしなければ——山田長政のシャムロ（現タイ）での大成功や、R・デカルトの学生としてライデン大学で熱心な学究生活をおくった日本人の存在など、海外での日本人の活躍——、おそらく東南アジアでもイギリスやオランダと対抗する勢力をもって版図を広げ、さらに世界に雄飛したと思う。信長の伝統破壊行為、その鋼鉄船の建造、安土でのセミナリヨの開設など、あるいはまたローマ法王への少年使節団の派遣、ワリニャーニの西洋印刷機の日本搬入など、世界的視野や行動をひろげる一面があったと思う。日本の近代化は——明治維新をまたず——さらに数世紀もはやくその幕をあげることができたのではあるまいか。

　私個人の体験でも——些細なことかもしれぬが——外国の大学からの招聘を日本の私立大学の

鎖国体質のために、一度ならず二度、三度と拒否妨害されている。江戸期の漂流民の帰国、たとえば大黒屋光太夫のように、豊かな魯西亜(ロシャ)の知識、見聞をもちながらも軟禁され行動不能のことをみても、鎖国ゆえに貴重な体験も活用できず、国家に奉仕することもできなかった。幕末にやっと漂流民、中浜万次郎の場合のように、帰国して国家奉仕も可能となり活躍できたわけであろう。時の運かもしれぬが、それのみとはいえぬ。おそらく和辻の論法でいけば、まちがいなく〈国を鎖ざす行動〉は否定されねばならず、それは本質的に日本の悲劇という結果をもたらすと結論できると思う。

わかりやすくいえば、そして史的事実も明示しているように、たとえば時代として安土桃山時代など、まさに日本が世界的(グローバル)行動を実践し得て、政治的にも文化的にも前途有望な実りある国家国民になりえたのであろう。しかし鎖国によって、その力も条件も、行動もすべてが密封され東海の孤島での平和、惰眠と長い眠りに満足することになったと思う。幕末の〈攘夷〉運動はまさに国を鎖ざした行動のマイナス面の一典型であろう。吉田松陰の刑死はともかく、多くの有為な人材が鎖国ゆえに命を絶たれたわけで、やはり日本の悲劇である。堅不留が鎖国を肯定しているのは外国人ゆえに、かつは元禄期という時代ゆえに――むしろ日本人の行動にある種の畏敬を感じとったゆえでもあったのではなかろうか。

日蘭関係について、堅不留は和蘭がほとんど日本に影響を与えていない――交易の面に限定されようが――ように論評している。但し堅不留は日本の元禄期、いわば十七世紀の日本の現状を観ての感想である。蘭学が盛んになり、日本に根付くのは十八世紀後半のこと。論評者の位置と時代を確かめねばならない。現代の外国人学者、たとえばドナルド・キーン氏も、〈和蘭はただ金儲けのために〉のみ日本で活動したかのような偏見と浅慮を以て論評している(『西洋人の日本発見』を参照)。いずれも専門学者の研究ではないので、特にとりあげて批判するほどのことはないが、しかしアダム・スミスの『国富論』にも日本はとりあげられており、鎖国の中で日本を世界の舞台へ送り出してくれたのはまちがいなく和蘭ではなかったか。江戸初期、和蘭より義足や義手が船載され、戦国時代後の武士の難をも救っている。解剖書の輸入もごく初期である。文化、学術などの面においてどれほど和蘭の恩恵を受けていることか。和蘭人による「風説書」のことまで考えれば、日本は居ながらにして世界情勢を己れのものとできたのである。

かの有名なドイツの哲学者I・カント(一七二四〜一八〇四)もその著『美と崇高との感情性に関する観察』(一七六四年の成立という。引用は岩波文庫版による)で、〈吾々はアラビア人を東洋に於ける最も高貴な人間として発見する。……アラビア人は客好きで寛容で真実である……〉と賞讃の辞を示しながら、〈日本人はいはばこのアジアのイギリス人とみることもできよう。併し極端な強情に堕する不動性、其勇気及び死の軽視等以外の性質に於ては似たところはない。兎に角、彼らは高貴な方の感情其物の徴候をあまり示さない〉と日本人批判を行なっている。堅不留の影響があったのか。堅不留は内向きと外向きで筆を変えているのではないか。明らかにドイツ語版とオランダ語版とでは、姿勢が異なると思う。

堅不留も地理的に日本とイギリスとの類似をのべているが、その評言の如何はともかく、こうした情報がやはり——訳者、上野直昭氏は不明というが——私のいう蘭人によってもたらされたことはまちがいあるまい。

あるいはまた本木良永をはじめ西欧の科学関係書を翻訳した通詞たちにはいちはやく、I・ニュートン、ガレリオ・ガリレイ、コペルニクス、さらには地動説や衛星、恒星などの天文学も新しい西欧の科学をわがものとする。舎密（セイミ）（chemie, 化学）もまた、幕末のことであるが、水の電気分解、水素酸素の発生法もつきとめる。いちはやく親和（化合）も学習した。近代哲学の祖ともいわれるR・デカルトなども登場し、フィロソヒーも西洋の知学として学ぶ。日本人はそれによって何らかの学習刺戟を与えられ、和蘭の先進性を胸中に痛感していたと思う。多くは十八世紀～十九世紀初頭にかけてである。堅不留が〈審定ノ学〉の存在しないという日本、徳行に勝れていると評価する日本は、いずれも元禄の日本である。

〈和算〉について堅不留がふれていないのは残念である。これも時代によるか。十八世紀末、魯西亜人は日本人学者がピタゴラスの定理をよく識って証明したことを書き留めている。

堅不留は日本の医学について好意的評価の言を弄しているが、十八世紀に入れば解剖も実行し、多くの有効な西欧医学書も翻訳される。そのもとはやはり和蘭が紹介してくれたヨーロッパの医術、医療器具の先進性の紹介ではなかったか。いまだにカテーテルなしに医療は成り立たず（メスなど、いずれもオランダ語）、癌なども手術できまい。江戸蘭学の雄、大槻玄沢は位取りに必須の〈零〉（西洋数学）の認識を明示し、算用数字も学者の間では用いるようになっていく。これらについては追って刊行予定の拙著、『江戸時代翻訳語の世界』で論証しておいた。ともあれ時代への透徹した眼も必要である。

いうまでもなく史的記述、評論でモシモ……ナラという仮定は許されぬかもしれない。しかしもし鎖国がなかったらと、日本の十五、六世紀〜十八、九世紀のロマンを想定するなら――やはり全面否定はできないが――鎖国は悲劇というべき。日本と日本人の近代への転換、封建制度から民主制政治への転換、富国強兵でなく富国殖産の実をとげていたであろう。より平和で豊かな――狭い島国根性も啓発され――国家・国民として繁栄していったのではあるまいか。

蘭学の入口にすこし足をふみ入れた私は、十八世紀にはいっての日本人による西欧学術の摂取、あるいは翻訳こそ、近代日本、科学立国日本の礎をきずいたと断言する。坂本龍馬など武で近代日本が建設されたのではない。明治維新後の学術文化を支えたのも徳川の幕臣や藩士たち、開明の資質ある人びとの努力精進による。

堅不留の日本評価は多くのヨーロッパの学者に――のちのシーボルトとともに、但し後者はオランダではきわめて低い評価である――影響を与えている。それだけにその著、『日本誌』、そして『鎖国論』は十分に冷静に客観的に、且は虚と実の部分をよく判断して読みとらねばならない。もし命あれば、つぎの機会に、じっくりと原語と対峙して、私の鎖国論を記述したいと思う。

江戸時代の西欧文化・学術受容の実態については、すでに拙著『杉本つとむ著作選集９』で論述したので再び説くことはやめよう。しかし堅不留の日本観察には、私の狭い体験からいっても驚嘆する。わずか二、三年の日本滞在であのようなすばらしい日本観察の著書をまとめることができたのには――日本語を話せず書けず読めなかったと思う。ドイツ人、ヨーゼフ・クライナー氏ご来宅の折、堅不留が独和辞書の編集に着手していた事実、資料を頂戴した――優秀な日本人協力者（アシスタント）が存在していたはず。最近、日・独の研究者の努力ですこしずつその実像が解明されてきている。そのためにも、志筑忠雄訳『鎖国論』のできる限り本源に近い、しっかりした彼の翻訳原稿が発見され、活字化して現代に生き返らせることを希望したい。これは決して望蜀の嘆に終るものではない。

筆をおくにあたり、『鎖国論』で堅不留が日本人を〈韃靼人〉と同一視して記述している点に大いなる疑念をもったことを付記しておく。この点、是非今後とも考察をふかめたい。かつて吉利支丹布教の雄、聖人サヴィエルはその手紙（一五五二年一月二十九日付）で、〈日本人は白人である〉の一言をリポートにのべる。果してそうかといいたい。裏返すと白人優位観が底流している。果して日本人にタタール人（蒙古・トルコ、朝鮮、満州）の血が流れているのか。言語学的に、日本語はウラル・アルタイ語族といわれるので、その第一歩が志筑の翻訳により堅不留の主張として認められるのは意義深いこととは思う。堅不留のオランダ語版『鎖国論』は日本人への江戸期の偉大なオランダ語の贈り物の一つであることにまちがいはない。しかし一冊の書物も読み手によって豹変する危険もある。

志筑忠雄(中野柳圃)、人と学問

私がはじめて江戸時代のオランダ語の文典に接したのは、早稲田大学図書館所蔵の『蘭学生前父』(写本一冊)というごくうすい写本である。一見して、日本語と横文字とがいりまじっている妙なもので、これがまた、私と志筑忠雄(中野柳圃)との最初の出逢いである。そのとき、研究者としての私の学的ショック(?)は終生忘れることはないと思う。手にとって一枚一枚その写本をめくっていったとき、想像以上のことばの理の世界が広がっていった。強烈でしかも新鮮であった。そこで私は近代日本語の研究に大いなる軌道修正をすることをよぎなくされた。さらについで神田の古書肆で、柳圃遺教『西音発微(さいおんはつび)』(二冊。文政九年・一八二六)を百二十円也で入手した。当時、蘭学資料の蒐集に人一倍御熱心であった岡村千曳先生から、他の図書館に所蔵の志筑のものを調査して、報告してほしいとも依頼された。これはもとより望むところであった。先生と固い御約束をして、それからというもの寸暇をおしんで志筑のものを中心に、オランダ語関連の語学方面に限っての調査にとりかかった。北は北大、札幌図書から南は鹿大の玉里文庫まで資料探訪にあけくれた。もちろん『国書総目録』（岩波書店）などという便利なものはなかった時代である。——もはや五十年余の歳月がながれている。

『蘭学生前父』はその後東京と京都とで合せて二本、計三本を披閲した。そしてさまざまな江戸の学問の世界を、結果的に遊歴することとなった。どうしても志筑の言語研究を調査してはっきりと世に示さねばならないと決意した。これはまた日本の近代を再検討する基礎作業でもあると思った。鎖国下、日本人が外国語をどう学習し、どうその精神や体系を発見、理解したか、その見事な証言を志筑の著書によって手中におさめることができると確信した。この点はこれまでの歴史家も蘭学研究者も手をつけていないことだった。国語学の分野でほんのすこし手がつけられていたが、私の研究の結果はほとんど大訂正を要することも判明した。しかも早稲田大学には、この志筑関係資料・蘭学関係資料が豊かであることもわかった。東京大学の図書館などを拝見しても、とうてい早稲田の比ではなく、いっそうファイトがわいてきた。早稲田の資料はまず早稲田の研究者が調査研究して公表すべきであると考えた。長崎へもしばしば訪問、故渡辺庫輔氏から志筑関係の資料を頂戴し、古賀十二郎氏のこの方面の御労作も紹介していただいた。宿舎はいつも唐寺の崇福寺であった。

＊

志筑忠雄はもと長崎通詞で、養子となり志筑の姓を名乗った。すなわち現存の『阿蘭陀通詞由緒書』に、〈志筑忠次郎〉としてつぎのようにみえる。

浚明院様（徳川家治）御代、安永五申年、養父跡職被仰付（おおせつけられ）、稽古通詞罷成り（まかりなり）、同六酉年、病身罷成候ニ付、御暇奉願、文化三寅年七月九日病死仕候

右のように、志筑の記事はごく簡単である。世に問うべき業績などについてもまったくふれていない。通詞としての最高位は大通詞（オランダ語、Opper tolk（オッペル トルク））であるが、その座をしめるまでに至らず、〈稽古通詞〉で終っている。志筑の墓についてもいろいろたずねたが、まったくその存在が判明しない。

これまで調べたかぎり、志筑家というのは、長崎ではなく平戸出身で、いわば鎖国前からの通詞と考えられる。どちらかというと本来は南蛮貿易に従事する商人で、その商売柄、横文字のポルトガル語やオランダ語を覚えるようになって、異国語につよく、やがて通詞の職に専念したようである。そして本家ではなく分家（弟）の系統が通詞として独立していくことになる。『由緒書』から判明するように、忠次郎は志筑家八代目で、しかも養嗣子ということになる。したがって本姓を中野と名乗るのである。そして翻訳や言語研究には通常、この中野姓を用い、〈中野柳圃〉と名乗っている。これは通詞をやめ本姓にもどってから蘭学の研究に専念したからでもあろう。あるいはこの点、『鎖国論』は、通詞時代にすでに翻訳してあった草稿でもあろうか。『由緒書』によると、稽古通詞になったことが判明するから、忠次郎は通訳官としての話すことについても、それ相応のレベルにまで達したことは確かであろう。通詞は一種の世襲である。七、八歳から修

業し、オランダ語のアベセを学び、現代の語学学習とほぼ同じように、文字、発音、綴り、単語、短句など基礎的な読み書きをマスターした。そして仕上げとして、サーメンスプラーカ(Z(S)amenspraak, 会話)を修得して、出島のオランダ人立会いのもとに、口頭試問のような面接試験により、無事に通詞として認定され資格を手にするわけである。文字どおり当分は見習として稽古に励む期間があり、やがて小通詞、大通詞と昇進していく。したがって志筑のように、稽古通詞に採用されたことは、通訳として一定レベルに達し、プロとしてやっていける実力は身につけたことになる。

通詞は現代の通訳とは異なり、通訳するだけでなく、貿易や商品取引に立会い交渉し、その文書を翻訳――当時は和解(わげ)とよぶ――する商務官の仕事が一つの重要な役目であった。さらに長崎へ医術修業にくる人びとのために、医学修業の場でも蘭医との間で通訳をすることがごくふつうであった。したがって中には、通詞でも医術に関心をもち、通詞の職を辞して本格的な医師、蘭方医になったもの、たとえば楢林鎮山のようなケイスがあり、幕府にかかえられるものもいる。開幕からこの医師への通詞の転向者がいたことは現存の資料によっても証明される。むしろ現代とちがって、直接にオランダ人にオランダ語を学ぴ、目前にオランダ医術を見聞しているという点では、実践的であり、条件や環境には恵まれていたといってもいい。人それぞれで能力に差はあり、進歩の度合や優劣もあろうが、努力すればそれなりの成果は期待できた。現代のように医師の国家試験などあるはずもなく、素人が医師に比較的すぐに化けられたわけである。

通詞はその役目がらどうしても金銭や物品など、ワイロとも直結する誘惑の世界に身をおく。

それだけ己れを持することとあつく、人格も高潔であることがのぞまれる。それでいて、必要に応じてはオランダ人や政府高官に類する人との接触もあり、弁また遅滞なく、事を処するに敏でなければならない。元禄三年（一六九〇）に来日のE・ケンペル Kaempfer は『日本誌』のある箇所で、通詞たちを批判、通詞が袖の下（Sodenosita）というワイロを欲しがり、通弁がうまくできず、教養もなくて最低の人間であるというように評言している。確かにそうした通詞も存在したであろう。内通詞をふくめ六十名～百名と大世帯だった通詞集団にいろいろと個人差をふくめて、さまざまな性格のものやあやしい行動――ことに〈八幡（ばはん）〉と称される私的取引、密貿易、あるいは和解のミスなど――をとる不埒な輩もいたと思われる。しかしそうした悪人ばかりがいたわけではもちろんない。私は通詞をこれまで等しなみに、単に通訳を職とする長崎の地役人（一種の地方公務員）と評する歴史家の評価に疑問を感じていた。そこで自分なりに、種々の資料をあさって実像を描いた結果、⑴実務派と⑵学究派とに二分して考えることの正当性を見出し、論文を公にした。歴史家の中にはまだこの点を了承しないものもいるが、事実としてこの二種の通詞の存在したことは確かである。たとえ便宜的であっても有効な区分だと思う。志筑忠次郎（忠雄）こと中野柳圃は、まきしく長崎通詞の中では学究派に属するものの一人、最右翼ということができる。

さて、『由緒書』に病身のため通詞の職を辞したとみえるが、従来この病気は何かという点が論議されている。前にのべたが、稽古通詞になったということは、いちおう通詞として話し読み書き、和解することのできる平均的なレベルまでは達した証拠なのであるが、それが一年ほどで退職というのであるから、何か急のそれも奇病の類と疑われるのも無理ないところと思う。この病気と通詞を辞職したことはもちろん関係があろう。門人などの記するところも伝わっているが、もっとも信頼できるのは、志筑自身がその訳書『天文管闚』（写本。天明二年・一七八二）の〈序〉に記しているつぎの記述であろう（原文漢文）。

然ルニ思ハザルモ、一旦病ヲ得テ蟄居既ニ年ヲ経、支体猶ホ未ダ平ラカナラズ。毎ニ身、寸分ノ功無シテ空ク公禄ノ重ヲ辱ムルコトヲ懐ヒテ、太息ニ暇アラズ。是故ニ保養ノ暇ニ則チ必ズ紅毛ノ語ヲ訳シ、聊カ憤悶ヲ解ス

内臓の病気というよりも、支体と関係する外的障害に類するものと解することができる。保養ノ暇という言い方も、そうした身体、手足、肢股、腰部などの疾患に、因をもつ病気と解することができそうである。蟄居というのもおだやかではない表現である。天明五年〜六年と長崎遊学をした大槻玄沢が、柳圃に直接あっているが、常に玄沢から志筑のところに出向くのみであり、長崎でも隠君子として、多くの人には知られていないという状況である点をその日記に書きつづっている。やはり疾患は、体の自由を欠く外部的なものではなかったか。『新撰洋学年表』で大槻如電は、〈口舌の不得手なるため、此年十八、早く其職を辞し〉とのべているが、何によったかまったく不明である。おそらく誤った推量であろう。上でふれた支体猶ホ未ダ平ラカナラズなどの表現を、一つには不当に拡大解釈したところから、でてきた妄想かと思う。むしろこれによ

って、通詞の職を辞し、暇を得て、それまでの蘭語学習を基にさらに研鑽をつんで、蘭語の森に分けいり、その構造を究明、『暦象新書』という名著も執筆することができたわけである。おそらく頭脳も、話す器官も障害はなかったと思う。ものを書くことの自由も失ったわけではない。多くの翻訳を手がけているのであるから……。何か突然の事故にでもあって疾患を得たというのではなかろうか。現在なら交通事故など一番考えやすいのであるが、このころであるから、何か稽古通詞として勤務中にでも、出島あたりで事故にあったのかもしれない。

いたずらに公禄を食むことを辱じるとのべているなど、その人格は清廉にして潔白のものと推量できる。治療に数年を要したように思われるので、やはり何か奇病といってよかろう。

菩提寺は長崎の光永寺で、『過去帳』を一見したが、〈文化丙寅（三年）〉の条に、〈（大什堂徳謦）外浦町中野忠次郎事　行年四十七歳　七月八日〉とあり、自宅で死去したと思われる。

＊

これまで志筑については、中野と志筑の両姓をもつところなどもあってやや錯誤のために、その著書などについて、必ずしも十分に調査がゆきとどいていなかった。ことに語学関係の著述についてはほとんど手つかずであった。『鎖国論』のみが学校の教科書にも登場するので、もっともよくしられている。しかし当時、蘭学界で最高位にあった杉田玄白が、その随筆『蘭学事始』（写本上・下二巻一冊。文化十三年・一八一六成）で、〈本邦和蘭通詞といへる名ありてより前後の一人なるべしとなり〉と伝承による絶賛をしているから、まったく世にしられぬということでもなく、むしろ江戸にまでその令名はとどろいていたと考えられる。長崎遊学の江戸や各地からの学者たちが、志筑の世話になり指導を仰いだからでもあろう。幕府も彼を江戸によびよせようと考えたが、結局、代って弟子の馬場佐十郎（貞由）が招致される。

生誕は宝暦十年（一七六〇）、死没が文化三年（一八〇六）、通称は忠次郎だが、これも〈忠二郎、忠治郎、仲治郎、忠次郎〉など、まちまちである（江戸時代は一般に音きえ通じれば漢字表記は厳密ではない）。はじめ〈盈長〉の名を用い、のち天明八年（一七八八）以後と思われるが、忠雄を主として用いているようである。写本には、〈志筑忠雄、中野忠雄〉の両方がみられる。号は〈柳圃〉、字は〈飛卿、季龍、季飛〉である。さらに、私が京都大学の未整理資料から確認した柳圃作のオランダ詩には、Wilgen（ウィルヘン） Akker（アッケル）（柳の田圃＝柳圃の意）とあるので、蘭人めかしてこのペンネイムも用い、蘭詩まで創作し、さらに『蘭詩作法』なども著している。号や字から推測すれば、柳は蒲柳ノ質（病弱）と関連するかもしれない。しかしまた、飛や龍はいずれも飛躍とか昇龍など、その志の大なることを暗示しているのかもしれない。

志筑の学統は一つのテーマで、従来は未知であった。その点、志筑の著『助詞考』（写本一冊）の一本（早稲田大学図書館所蔵）に、〈蘭皐師〉とあったり、同書を書写した宇田川玄随（槐園）がその著書『蘭学秘蔵』（写本）で、〈元木門人志築（ママ）忠次郎助辞考〉などとしているので、同じ長崎通詞で先輩にあたる〈本木蘭皐〉こと良永（仁太夫）に師事したことがしられる。志筑が稽古通詞になったころ、本木は小通詞末席で、同じ長崎の外浦町に住んでいた。互に親交をむすんだことと思われる。本木も学究派の通詞であり、その研究の分野は天文暦学や物理学、語学で、両者がこの点でも授受継承の学びの流れを示している。おそらく本木の書いた〈和解例言〉は、日本最初の基本的な翻訳法の一論考といっていいであろう。良永はまた、英語学習、辞書訳編にも先鞭をつけたことが判明していて、本木も語学に関心がふかい通詞であった。このように、志筑とてもまったく無から出発したわけではない。やはり蘭語学習や研究、さらに翻訳の方法などの糸口をつけてくれたのは、本木良永をはじめとする先輩通詞たちだったと思われる。そういう意味では、同じく先輩で学究派の吉雄耕牛（永章）——はやくから魯西亜に関心を示している——にもいろいろと教示され、指導をうけたかと思う。ただこの点についてはは確かな記録がなく、かつまた耕牛の専攻するところが医術にあった点で、志筑のそれとは、あまり直接的関連はなかったかもしれない。むしろ通詞にしては珍しく、志筑はあまり医術に関心を示していない。ただし耕牛の妾の子、吉雄権之助（如淵）が志筑に師事している点、何らかの意味で、耕牛と交渉をもったと思われる。耕牛は蘭訳本『日本誌』も所蔵していた（三浦梅園『帰山録』参照）ようであるから、はやく閲覧させてもらったかもしれない。

おそらく志筑の著訳書として、代表的な作品は『暦象新書』（写本、上・中・下三編、各編二巻ずつ、付録一巻。寛政十年・一七九八〜享和二年・一八〇二成）であろう。これは翻訳書と著書と合体したような作で、志筑が若いころから手がけていたイギリスのJ・ケイル Johan Keill（一六七一〜一七二一）のものを下敷にしている。柳圃はほかに二十三歳のとき『天文管闚』（写本。天明二年・一七八二）という同じくケイルの著書の訳を完了している。同年にはまた『万国管闚』（写本一冊）も成っているが、〈管闚〉とは管見に同じで、ヨシノズイカラ天井ヲノゾクと、きわめて謙遜した書名である。さらに近年ことに注目される『求力法論』（求力論とも、写本一冊。天明四年・一七八四）がある。いずれも『暦象新書』という、ライフ・ワークのための基礎といってよかろうか。

『暦象新書』で義（意）訳としてみえる天文物理学用語、〈引力・重力・求心力・遠心力・動力・速力〉などは、現代もまだ生きて用いられている——概念的には若干のズレをもつ用語もある——わけである。みずから〈気圧計〉も作製したという。あるいは化学の〈実素（ストフ）〉と訳した用語が、のちに、宇田川榕庵によって、〈元素〉と改訳されて現代に至っている例もある。榕庵自身、はっきりと志筑のものによっていることを記している。また、最近の調査では明清の科学書、たとえば方以智『物理小識』や梅文鼎『暦算全書』、戴進賢（I. Koegler）の『暦象考成』、さらに利瑪竇、熊三拔、南懐仁などの影響がみられるので、シナ書にもよく目をとおしていたと思われる。しかしこれまで、ほとんど伝統のない——わずかに暦学などでシナの強い影響による学問体系があった——天文・暦学・物理学の分野で、蘭皐の指導はあったというものの、孤軍奮闘している志筑である。この方面の先駆者であり、開拓者としての困難と努力とははかりしれないものがあったと思う。しかも基本は語学力、翻訳力である。

明治二十八年六月の『東洋学芸雑誌』に狩野亨吉は、〈志筑忠雄の星気説〉なる論文をあげて、志筑の説がヨーロッパのカント＝ラプラース Kant-Laplace の説にも劣ることなしと絶賛している。前にあげた『天文管闚』にすでに、〈今の蛮説は太陽恒星を静物とし、地と五星とを一種とし、各太陽を旋りて、内なるは速やかに外なるは遅く、二地に廻転ありて視動左旋之本たりといへり。……是を観れば蛮人の云ふ所、地動の説自ら一理あり〉と〈地動の説〉の紹介がある（恒星などは本木の意訳による）。引用は蛮説とあるように、志筑が勉強したヨーロッパ人の説の紹介であるが、もとより訳文ではない。師、本木にN・コペルニクスCopernicus（一四七三〜一五四三）の〈太陽中心説〉の訳と紹介があるのだが、志筑は自分のことばで、〈地動の説〉と紹介している。日本における実質的な地動説の用語と理論の紹介者、解説者が志筑であった。通詞の中では珍しく理学系を専攻した学者である。後継者は吉雄耕牛の孫、吉雄俊蔵（常三）といえるであろう。

終りに一言、志筑が翻訳に専念したその動機づけについて一考しておきたい。『鎖国論』を一読して判明するように、翻訳のために対象とする事象に対して、西欧のみでなく世界のといってよい情報源（史的事実や有名な人物、科学者などをふくむ）を示していることである。すくなくとも彼の翻訳、研究の分野は、㈠語学――単にオランダ語のみでなく、よく日本語との比較対照を客観的にも考察している――であり、㈡天文学・暦学――いわば宇宙物理学的――にすばらしい翻訳をものしている。さらに㈢世界の地理、地誌、とりわけ魯西（細）亜への関心も強い。――こうした訳書の執筆にあたって、他の学究的通詞と異なる一つの問題点がある。それは師事した本木良永と比較しても判明する。すなわち本木は訳書、『星術本原太陽窮理了解新制天地二球用法記』の〈和解例言〉の末尾につぎのように書きとめている。

> 古来一巻の和蘭書を解する者訳家にこれ無し下僕（本人のこと）此の一巻を解す。庶幾（こひねがはく）は訳家吾が党の後賢（ィ学）通弁知り明哲の人正補あらん事を。公命重き尊び敬はずんばあるべ

からず。是を以て公命に諾し奉り暫く此の書の大略を述べて以て捧げ上る者なり。恐れみ惶(ィ恐)れみ謹訳再拝頓首／寛政四年　阿蘭陀大通詞／本木仁太夫良永謹誌

右のように、公命であり——別に〈舌人〉とも謙遜している——、みずから選択しての翻訳ではない。スワ神社に参って神かけて誤訳なきよう精進するとも誓っている。しかし志筑、中野柳圃には右のような翻訳の動機というか必要性、特に公命云々など片言もみえない。必ずしも居心地の悪くない通詞の職を辞し、いうなら自発的に、自らに課して未知の世界への探究という翻訳である。神に祈ることもみえない。志筑は己れの眼と心と知を満足させるために、一翻訳家として、己れの道を選んで、ひたすら自己研鑽に励んでいるのである。先輩に仮病をつかってまで通詞の職を怠って、蘭和辞書の編集にただ独りで専心した西善三郎という通詞も存在したが、志筑こそまさに稀有な近代人ということができよう。

なお、同じ通詞としてこの志筑に優るとも劣らぬ人物が、堅不留(ケンペル)に全面的に必死と協力して倦まなかった、今村源右衛門英生である。ひとたび発覚すれば死をもって償わざるをえない危険な仕事——日本の地図をはじめさまざまな文献の蒐集や密かな翻訳など——に滅私と精進した日本の一青年、その人物像を以下素描しておく。

（附）ケンペルの協力者、今村源右衛門英生

ケンペルのよき協力者について彼自身が、『日本誌』の序でこう書き認めている（呉秀三氏の訳による）。

此等来訪の人々（日本人）より毎日の様に取集めたる報道は余（ケンペル）を甚だ多く裨益したり。されどそは零片断節のみにて、日本を完全に精詳に記載するには十分ならざりき。然れば余がこゝに一個の甚学識ある青年を得て、それが余の目的を達し・日本を記述するにつき頗る豊富なる収穫を得んとするにつき望み通りの器用たることを発見したるは、余に取りて非常なる幸福にてありき。此人は凡そ二十四歳の学生にして、日本支那の文籍に甚だ通暁し、同時にその他の知識を得たく極めて貪婪なりしが、余が到着の時、直ちに余に就いて少しく医術を学ばんために、従僕として与えられたり。余は乙名即ち我島（出島）の管理者が病気の時に彼を余の助手として使ひしに、彼れ忠実に勤めて（乙名の病回復せ）し故を以て、彼は余の二年間の滞在中、常に余の傍にある様、又余とともに二度とも帝室の宮廷（徳川幕府を云ふ）に参向する様、特別の好意を蒙りたれば、余は彼とともに、殆んど全国を縦に通して四度も旅行してその愉楽を与にしたるが。かくの如く長の月日・和蘭人に添え置くことは、此時の他に決して許されぬこととなりき。

余は直ちにこの利発なる頭脳に（それなくば余は彼とよく語り合ひ得ねば）和蘭語を文法に辿りて注込み初めたるが。幸なりしことには、彼は第一年の終りに、既に和蘭語を書き、又他の日本訳官がなし得ぬ程よく話し得たり。之についで余は彼に誠実に解剖及び他の医学を教え、又余の微々たる財産に取りては多大なる年分の報酬を与えたるに。その代り彼は余に国土の位置・性状・政治・制度・宗教・歴史・家庭生活などにつきて詳細なる報告をなし、且種々なる文献を捜索し、好意を以て之を完備したり。余は彼が調達し、説明し、又最重要な事柄を翻訳し呉れぬとて、そのために一つとして彼に日本の書籍を請求せし程のことなかりき。彼が自分の知らぬことを多く他人に質問考覈し、種々書物を借覧し購入せねばならぬとて、此目的にて余の許を辞し去らんとするとき、余は又彼にそれを発く（ヒラ）の開鍵たる金쬮を与へずして遣りたることなく、又身に危ふしと恐るる様の骨折につきては特別に報酬を授けたり。

しかし右の青年について、ケンペルはついにその姓名をどこにも銘記していない（秘密にせざるをえない何らかの事情があったのだろう。当時蘭人と日本人（含通詞）の密なる交際は非であった）。これまでこの協力の日本人青年については、日本の研究者も解答を示せずにいた。通詞の名門、〈志筑家〉の某氏とか、同じ〈本木家〉の某氏などと想定しているが、いずれも確証はなかったのである。しかしこの謎の人物は、のちに大通詞になった源右衛門（市兵衛）こと今村英生――新井白石に『西洋紀聞』をまとめさせた、例の密入国したキリシタン、シドッチとの対話に通訳として活躍したことで有名――であることが判明した。

資料は大英博物館所蔵のケンペル関係資料中の「請状之叓（事）」という一枚の書類である（型録（カタログ）「ドイツ人の見た元禄時代―ケンペル展」に写真がはじめて公開された。一九九〇年十二月十八日～一九九一年一月二十七日、サントリー美術館）。〈請状之叓（三箇条よりなる）／一本古河町今村市左衛門悴源右衛門　歳弐拾〉とはじまる請状（保証人たる文書）で、〈此者出嶋おらんだけんふるの部屋ニ小使ニ雇れ申候ニ付阿蘭陀人用事之節昼の間小使仕候彼者の儀前々ゟ私慥ニ篤存知者ニ御座候ニ付請人に罷出候／御法度切支丹宗門之触一切承間敷候……〉などと読める請状である。〈右之趣相背せ申間敷候、若於相背者何対も私如何様ニも可被仰付候為後日請状如件〉とあり、〈元禄五年申七月〉で保証人のところに、〈源右衛門[印]／請人本古河町伊良子弥次良（郎）[印]〉とあり、宛名は長崎乙名、〈吉川儀阝（部）右衛門殿〉とある。なお右の「請状之叓」にはまた、〈一何事不寄おらんだ人と密談之儀為仕申間敷候不依誰人日本人方ゟ金銀又者何色ニ而も言伝仕候共其通語為仕間敷候〉など、むしろかなり接触にもきびしいことが申し渡されている。金銀の授受なども勿論である。守らぬ場合は請人はどんな処分も受けるというのである。

このように、ケンペルの有力な協力者は、当時内通詞小頭、今村市左衛門悴、弱冠二十歳の今村源右衛門という青年であることが判明した。この人物については、拙著『江戸時代蘭語学の成立とその展開』（早大出版部）で、〈今村英生〉として著訳書なども紹介しておいたのであるが、『阿蘭陀通詞由緒書』中の、「由緒書　本国生国 共肥前　阿蘭陀大通詞　今村源右衛門　当卯五十四歳」という由緒書を引用して考証しておいた。それによると、源右衛門はのち市兵衛と名乗り、今村家として二代目となり、私のいう平戸組の通詞系で、英生（ひでしげ）としてしられる名通詞である。

新村出編『海表叢書 二』にその編著、『和蘭問答』（享保九年三月、大通辞今村市兵衛／小通辞名村五兵衛、京大所蔵）などが翻刻収録されている。『由緒書』によると、元禄八年に稽古通詞を、宝永四年に大通詞をそれぞれ仰付けられている。三十七歳の若さである。したがって、ケンペルに協力のころはいかに優秀でもケンペルの記しているほど学識に富み、オランダ語を自由自在に操ったとは思われない。また協力振りが真であるなら、まことに生死のさかいで資料を集め、全面的に協力していたわけで、万一発覚すればケンペルはただちに国外追放、源右衛門は死刑に処せられたであろう。わずか実質的に一年間ほどの接触、協力して資料など蒐集の成績はいささか疑問である（なお三代目も右に引用したように今村源右衛門で、明生と名乗った）。〈学生〉とあるのも疑わしいところである。

右のように源右衛門こと今村英生は寛文十一年（一六七一）に生まれ、元文元年（一七三六）八月死去、元禄八年（一六九六）、二十五歳のとき、オランダ語の試験を出島の商館長や外科医、さらに大小通詞の立会いのうえに受け及第、晴れて稽古通詞となっている。ケンペルの協力者をつとめて約五年後のことである。志筑忠雄の場合もそうであるが、稽古通詞となればもはや通詞としての第一歩は力強くふみだせるわけである。なお参考書として、理学博士今村明恒『蘭学の祖今村英生』（朝日新聞社、昭和十七年）がある。但しこれにもケンペルとの関係についてては全くふれていない。

なおドイツ日本研究所のヨーゼフ・クライナー氏より突然、拙宅へ電話があり、来宅されたことがあった。研究員として横浜国大に来られているとのこと。私はケンペルの『日本誌』と『訓蒙図彙』との密接な関係について小論を発表していたが、その拙著を一見された由。御来宅の折、同氏編『ケンペルのみたトクガワ・ジャパン』（六興出版）を贈呈してくださったが、その口絵にも、「請状之支」の写真版があり、〈V ケンペルの日本資料をめぐって〉として、片桐一男「ケンペルと阿蘭陀通詞今村源右衛門」の小察があることを今見出した。私の怠慢である。またその際、クライナー氏より資料としてケンペルの独日語彙集の一部コピーをお土産として頂戴した。ケンペルも日本語学習に必死であったのだろう。

参考文献

井田清子「ケンペル『鎖国論』写本を読み継いだ人々」（『思想』第八〇〇号、岩波書店、一九九一年）
板沢武雄「鎖国及び『鎖国論』について」（『明治文化研究論叢』所収、一元社、一九三四年）
大島明秀『「鎖国」という言説―ケンペル著・志筑忠雄訳『鎖国論』の受容史』（ミネルヴァ書房、二〇〇九年）
小堀桂一郎『鎖国の思想―ケンペルの世界史的使命』（中公新書、一九七四年）
鈴木圭介「私の『鎖国論』入門」（『学鐙』、丸善、一九八一年五月〜十一月）
同「写本の運命―ケンペル『鎖国論』の書誌学」（『歴史と社会』第六号、リブロポート、一九八五年）
鳥井裕美子「ケンペルから志筑へ―日本賛美論から排外的『鎖国論』への変容」（『季刊　日本思想史』第四七号、ぺりかん社、一九九六年）

呉秀三訳註『ケンプェル江戸参府紀行／同下巻』（異国叢書六／九、駿南社、一九二七／二九年）
斎藤信訳『江戸参府旅行日記』（東洋文庫、平凡社、一九七七年）
今井正訳『ケンペル日本誌――日本の歴史と紀行』（上下、霞ヶ関出版、一九七三年）

『ドイツ人の見た元禄時代―ケンペル展』（展覧会図録、ドイツ・日本研究所、一九九〇年）
ヨーゼフ・クライナー編『ケンペルのみたトクガワ・ジャパン』（六興出版、一九九二年）
『日蘭交流四〇〇年の歴史と展望』（日蘭学会、二〇〇〇年）
信夫清三郎『ラッフルズ伝―イギリス近代的植民政策の形成と東洋社会』（東洋文庫、平凡社、一九六八年）

拙著『江戸時代蘭語学の成立とその展開 I～V』（早稲田大学出版部、一九七六～八二年）
同『外国語と日本語』（杉本つとむ日本語講座6、桜楓社、一九八〇年）
同『長崎通詞ものがたり』（創拓社、一九九〇年）
同『国語学と蘭語学』（武蔵野書院、一九九一年）
同『江戸の翻訳家たち』（早稲田大学出版部、一九九五年）
同『西欧文化受容の諸相』（杉本つとむ著作選集9、八坂書房、一九九九年）

Ⅳ　参考図版

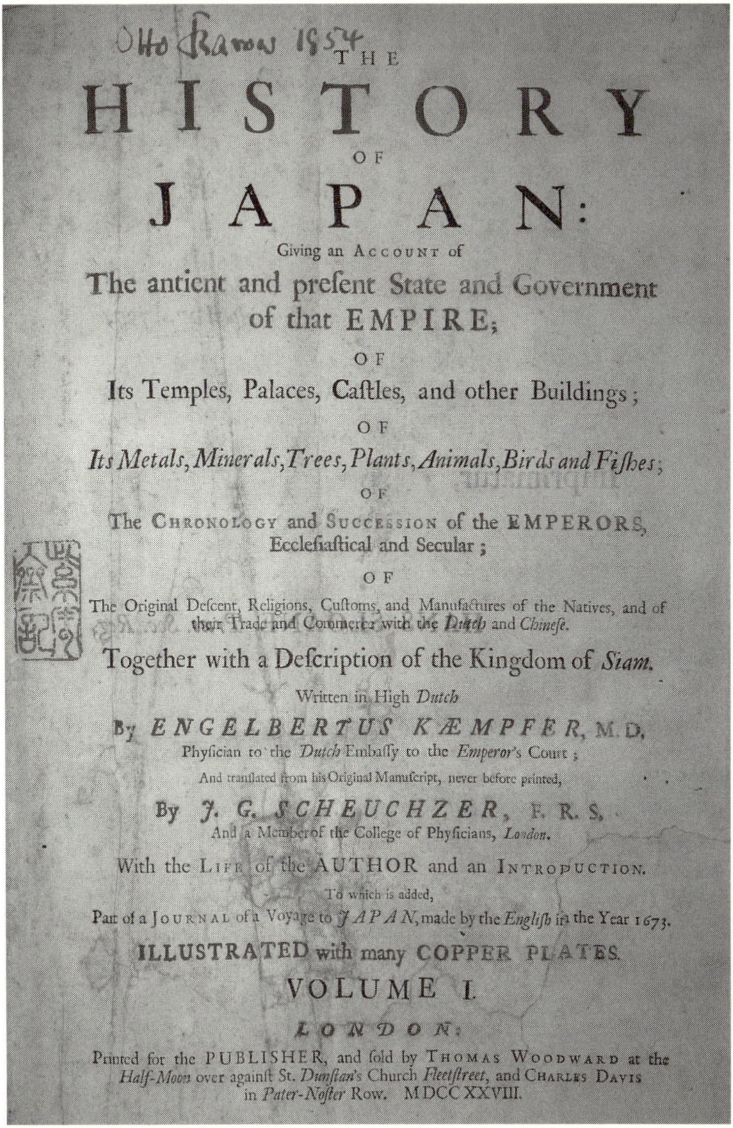
THE
HISTORY
OF
JAPAN:
Giving an ACCOUNT of
The antient and preſent State and Government
of that EMPIRE;
OF
Its Temples, Palaces, Caſtles, and other Buildings;
OF
Its Metals, Minerals, Trees, Plants, Animals, Birds and Fiſhes;
OF
The CHRONOLOGY and SUCCESSION of the EMPERORS,
Eccleſiaſtical and Secular;
OF
The Original Deſcent, Religions, Cuſtoms, and Manufactures of the Natives, and of their Trade and Commerce with the *Dutch* and *Chineſe.*
Together with a Deſcription of the Kingdom of *Siam.*
Written in High *Dutch*
By *ENGELBERTUS KÆMPFER*, M.D.
Phyſician to the *Dutch* Embaſſy to the *Emperor's* Court;
And tranſlated from his Original Manuſcript, never before printed,
By *J. G. SCHEUCHZER*, F.R.S.
And a Member of the College of Phyſicians, *London.*
With the LIFE of the AUTHOR and an INTRODUCTION.
To which is added,
Part of a JOURNAL of a Voyage to *JAPAN*, made by the *Engliſh* in the Year 1673.
ILLUSTRATED with many COPPER PLATES.
VOLUME I.
LONDON:
Printed for the PUBLISHER, and ſold by THOMAS WOODWARD at the *Half-Moon* over againſt St. *Dunſtan's* Church *Fleetſtreet*, and CHARLES DAVIS in *Pater-Noſter* Row. MDCCXXVIII.

[1] ケンペル『日本誌』英語版（1728年版、架蔵本）タイトルページ

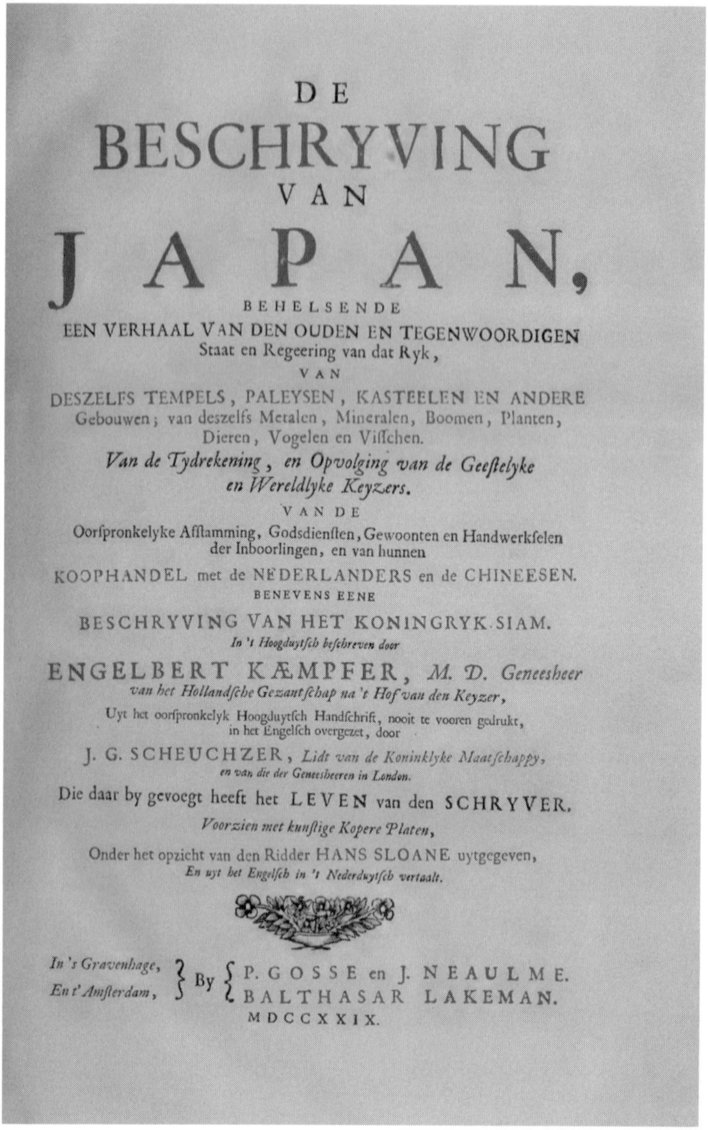

DE
BESCHRYVING
VAN
JAPAN,
BEHELSENDE
EEN VERHAAL VAN DEN OUDEN EN TEGENWOORDIGEN
Staat en Regeering van dat Ryk,
VAN
DESZELFS TEMPELS, PALEYSEN, KASTEELEN EN ANDERE
Gebouwen; van deszelfs Metalen, Mineralen, Boomen, Planten,
Dieren, Vogelen en Viſſchen.
Van de Tydrekening, en Opvolging van de Geeſtelyke
en Wereldlyke Keyzers.
VAN DE
Oorſpronkelyke Afſtamming, Godsdienſten, Gewoonten en Handwerkſelen
der Inboorlingen, en van hunnen
KOOPHANDEL met de NEDERLANDERS en de CHINEESEN.
BENEVENS EENE
BESCHRYVING VAN HET KONINGRYK SIAM.
In 't Hoogduytſch beſchreven door
ENGELBERT KÆMPFER, *M. D. Geneesheer*
van het Hollandſche Gezantſchap na 't Hof van den Keyzer,
Uyt het oorſpronkelyk Hoogduytſch Handſchrift, nooit te vooren gedrukt,
in het Engelſch overgezet, door
J. G. SCHEUCHZER, *Lidt van de Koninklyke Maatſchappy,*
en van die der Geneesheeren in London.
Die daar by gevoegt heeft het LEVEN van den SCHRYVER.
Voorzien met kunſtige Kopere Platen,
Onder het opzicht van den Ridder HANS SLOANE uytgegeven,
En uyt het Engelſch in 't Nederduytſch vertaalt.

In 's Gravenhage, / *En t' Amſterdam,* } By { P. GOSSE en J. NEAULME. / BALTHASAR LAKEMAN.
MDCCXXIX.

[2] ケンペル『日本誌』蘭語版（1729年版、カリフォルニア大学図書館蔵）タイトルページ

BESCHRYVING
VAN
JAPAN,
DOOR
E. KÆMPFER.
In 's Gravenhage
En t'Amsterdam
by
P. GOSSE en J. NEAULME
BALTHAZAR LAKEMAN
MDCCXXIX.

[3] 同右（蘭語版）、扉絵

groote reuk heeft. De krachten van de *Amber Gris* op te tellen, zoude zonder vrucht dit verhaal al te zeer doen uytdyen, als zynde dezelve reeds genoeg bekent. Alleenlyk zal ik 'er byvoegen een geheim tegen de onmacht, 't welk my medegedeelt is door een Ervaare Japansch Medicyn Meester, als iets dat zeer kostelyk is. Neem zo veel raauwe *Opium* als gy wilt, doed het in een stukje linnen, en hangt het in de waassem van kookend heet water, het zweet dat door het linnen komt, en aan de buytenzyde kleeft, levert uyt de beste en zuyverste *Opium*. Neemt deze stoffe af, mengt ze met twee maal zoo veel Amber Gris, en maakt 'er van kleine pillen. Weinige van deze pillen ingenomen des avonds voor men te bed gaat worden gezegt een uytnemend prikkelend middel te zyn in dit geval.

V I.

Onderzoek, of het vanbelang is voor 't Ryk van *Japan* om het zelve geslooten te houden, gelyk het nu is, en aan desselfs Inwooners niet toe te laaten Koophandel te dryven met uytheemsche Natien 't zy binnen of buyten 's Lands.

Inleiding. §. 1. VEele zullen het een snoodheid noemen onzen aardkloot, zo klein als ze is, van een te scheiden en te deelen, en zullen het achten al even zo grooten misdaad als een Moord, te breken de maatschappy en onderlinge gemeenschap, die 'er behoorde te zyn onder de menschen. Al wat natuur voortgebracht heeft, haakt en streeft naar Maatschappy en gezelschap. Hier tegen te zeggen en te redeneeren, is in der daad, den maaker van de Natuur te verdenken. Wy zien alle eene zonne, wy alle betreden eenen grondt, wy alle ademen dezelve Lucht in; de Natuur heeft ons geen paalen gezet, noch de Schepper eenige wetten ingestelt, dan die strekken tot onderlinge gemeenzaamheid en zaamenleving. Zouden de menschen geboren zyn tot een erger staat dan de Oyevaars en de Zwaluwen? Is het niet genoeg voor onze ziel, dat Edelste deel van ons, 't welk deelgenoot is in de vryheid van die opperste en alvrye wil, gebonden te zyn aan ons Lichaam? Moet het Lichaam in het eene Land zo worden gevangen gehouden, en aan de ziel geweigert de vryheid, om het Lichaam, en haar zelven te gelyk te doen genieten de vermaakelykheden van andere Landen? De Starren zelf aan de onbepaalde Hemel, stryden krachtig daar voor. Veele geloven dat zulke Heerlyke, zulke Edele Lichaamen niet naakt en ledig zyn gelaten geworden, maar bewoont zyn door verscheide soorten van levende Schepselen, die den alwysen Schepper aller dingen loven en prysen, zelfs eer dat de grondlegginge der aarde was, gelyk het hem behaagt zich zelven uyttedrukken *Job*. 8. Elk een, die zyne zinnen, van de geringe en gemeene bevattingen der schoolgeleerde waanwyze, dorst voortzetten tot edeler deftiger en hooger gedachten, zal geen zwaarigheid maken, noch het verkortelyk achten voor de goedheid en wysheid van het Opperste Wezen, te staaven ende staande te houden, dat deze hemelsche Lichaamen zyn als zo veele groote steden, waarlyk wel ontoegankelyk tot elkander, van wegen de groote uytgestrektheid van vocht, in 't welk zy vlotten, maar om die zelve reden bequaam, om te zyn, het geen niet onwaarschynlyk is dat zy zyn, bewoont door schepselen van verscheidenerly soort, verschillende in haaren aardt, maaksel, en trappen van volmaaktheid. Zo overeenkomstig met de waarheid, als het ten hoogsten is waarschynlyk, dat deze stelling is, alzo redelyk zal het aan de andere kant blyken, dat deze schepselen, welke de alleen en alwyze Schepper gemaakt heeft van denzelven aardt en stoffe, en welke hy besloten heeft in d'een of d'ander dezer klooten, als binnen de muuren van eene Stad, leeven zouden in eene vriendelyke gemeenzaamheid met elkanderen, 't welk niet anders dan ten hoogsten straf schuldig zyn kan om te verbreeken. Wat onze aarde in 't byzonder aangaat. De Schepper dezelve geschikt hebbende tot bewooninge der menschen, heeft ook in zyne wysheid en goedheid dezelve voorbedachtelyk zo gemaakt en geschapen,

dat

[4] 蘭語版、『鎖国論』冒頭

52 *The APPENDIX to the*

ſweats out of the linnen, and ſticks to the outſide, affords the beſt and pureſt opium. Take this ſubſtance, mix it with twice the quantity of Ambergreaſe, and make it up into ſmall pills. A few of theſe pills taken inwardly, at night before you go to bed, are ſaid to be an excellent ſtimulating medicine in that caſe.

VI.

An Enquiry, whether it be conducive for the good of the Japaneſe Empire, to keep it ſhut up, as it now is, and not to ſuffer its inhabitants to have any Commerce with foreign nations, either at home or abroad.

I.

Introduction.

MANY will call it malice to divide the globe of our Earth, ſmall as it is, and they will think it a crime equal to murder, to break through the ſociety and mutual communication, which ought to be among Men. All nature pleads for Society. To declaim and reaſon againſt it is, in fact to reflect on the Author of nature. We all behold one Sun, we all tread on the ſame ground, we breath all the ſame air, nature hath ſet us no bounds, nor hath the Creator eſtabliſhed any laws, but what tend to mutual aſſociation. Should men be born to a worſe condition than ſtorks and ſwallows? Is it not enough for our Soul, that nobleſt part of ourſelves, which partakes of the liberty of the Supreme and All-free mind, to be confined to our body? Muſt the Body alſo be kept priſoner in one Country, and the Soul denied the liberty to make it, and herſelf with it, enjoy the pleaſure of others. The very Stars, diſperſed through the boundleſs Heaven, ſtrongly argue for it. Many believe, that ſuch majeſtick, ſuch noble bodies, have not been left naked and empty, but are inhabited by various kinds of living creatures, which praiſed the All-wiſe Creator of all things, before even the foundations of our Earth were laid, as he is pleaſed to expreſs himſelf in the viiith of *Job*. Whoever dares, from the low and vulgar notions of ſchoolmen, to raiſe his mind to nobler and higher thoughts, will not ſcruple, nor think it derogatory to the bounty and wiſdom of the Supreme Being, to aſſert, that theſe Heavenly bodies are like ſo many great towns, inacceſſible indeed to one another, becauſe of the vaſt extent of the fluid wherein they float, but for that very reaſon fit to be, what it is not unlikely they are, inhabited by creatures of various kinds, differing in their nature, frame, and degrees of perfection. As conformable to truth, as it is highly probable this aſſertion is, ſo reaſonable will it appear on the other hand, that thoſe creatures, which the All-wiſe Creator hath made of the ſame nature and ſubſtance, and

[5] 英語版、『鎖国論』冒頭

SEXAGINTA ET OCTO PROVINCIAS DIVISVM.
&c cura descriptum a JOH CASPARO SCHEVCHZER
Regia Societate et Collegio Medico Londinensi
Pyxis Nautica Japonum
Nautica Pyxis apud Sinas et Japones, prius quam Europæis nota usu percelebris.
Japonici Imperij a varijs Terrarum Orbis partibus distantiæ Juxta Japones & eorum milliaribus
JESOGASIMA
MATSVMAI
NOTO
KAGA
JEETSIV
JETSINGO
DEWA
OSIV
KOODSVKE
MOODSVKE
FITATS
JETSISSEN
FIDA
KAI
MINO
OOMI
JAMASIRO
WACKASA
MVSASI
SIMOOSA
SVRVNGA
SANGAMI
KADSVSA
AWA
IDSV
TOOTOMI
MIKAWA
OWARI
IGA
ISIE
SSIMA
KAWATSII
JAMATO
IDSVMI
KIINOKVNI
AWADSI
ARIMA
Viro Perillustri
Dno HANS SLOANE, Baronetto,
Collegii Medicorum Londinensis, et Societatis
Regiæ Præsidi, Copiarum Brittanicarum
Archiatro, Regiæ Scientiarum Academiæ
Parisiensis Sodali, &c
Hanc Japonici Imperij Tabulam,
In grati animi monumentum.
Cum ob maxima ab ipso in me collata beneficia,
tum quod Res Japonicas suo Museo asservatas
ad illustrandam Japonum Historiam benevole
communicaverit.
lubens meritoque sacram esse voluit J.C. SCHEVCHZER.
Daikoku
Divitiarum
Deus.

[6] 日本全図
(『日本誌』架蔵の英語版より、
以下同)

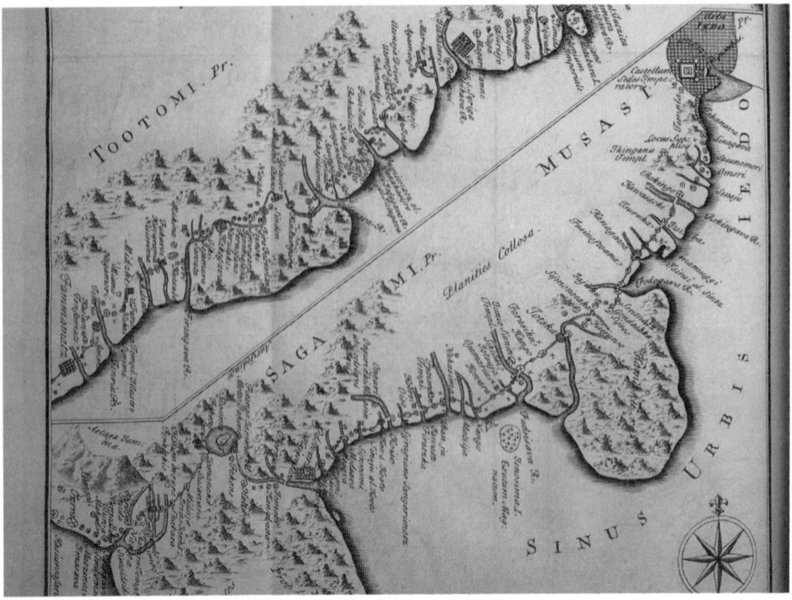

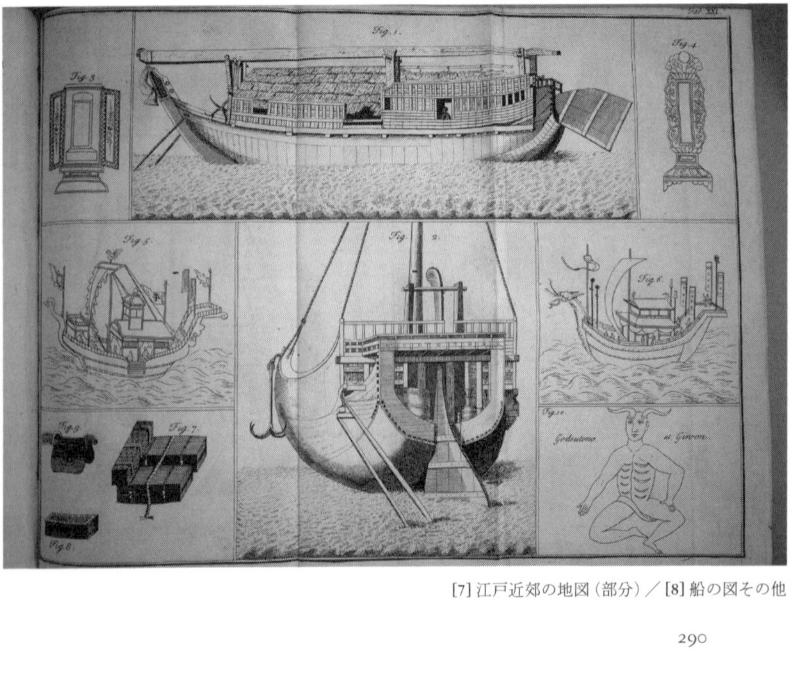

[7] 江戸近郊の地図（部分）／[8] 船の図その他

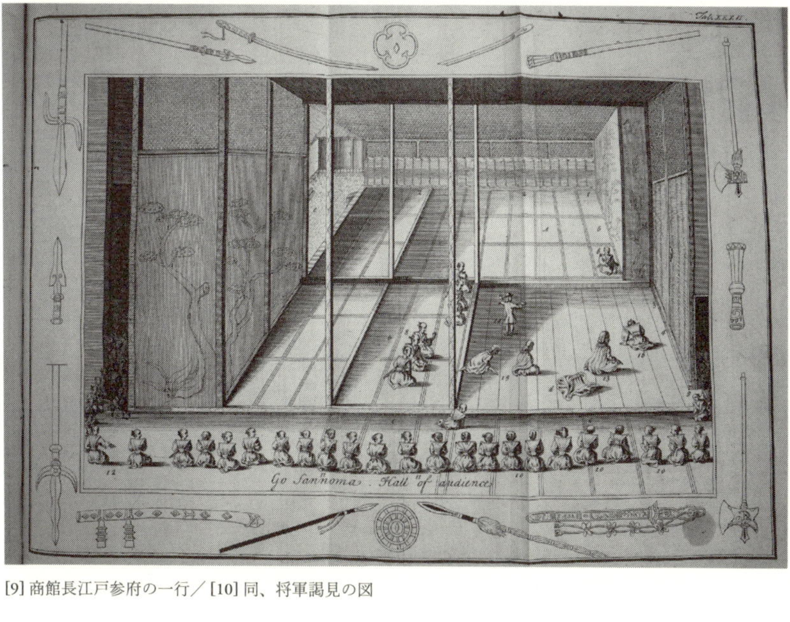

[9] 商館長江戸参府の一行／[10] 同、将軍謁見の図

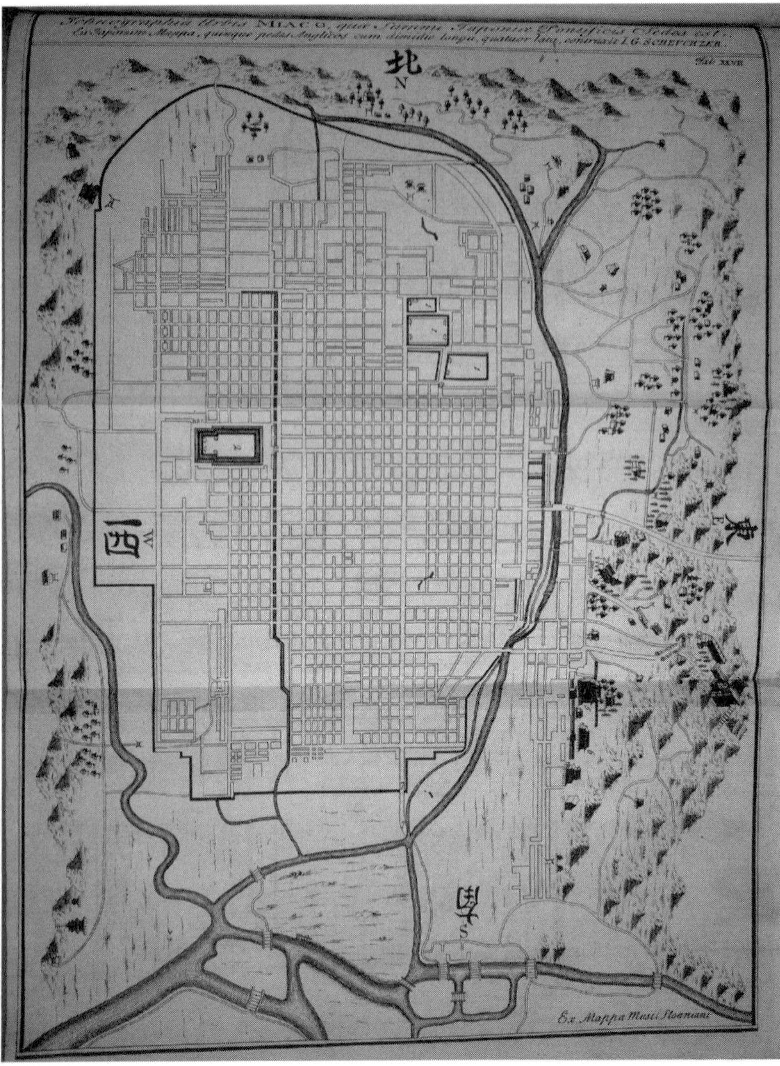
MIACO
Ex Japonum Mappa, quinque pedes Anglicos cum dimidio longa, quatuor lata, contraxit I.G. SCHEUCHZER.
Tab. XXVII
北
N
西
W
東
E
S
Ex Mappa Musei Sloaniani

[11] ミアコ（都）の地図

Tab. XXX
Iedo Pars.
Sinus Urbis
Ichnographia Urbis IEDO, quæ Japonici Imperij Metropolis & summi Japonum Monarchæ Sedes est
ex Mappa Japonica Musei Sloaniani quatuor pedes Anglicos cum dimidio longâ eadem latâ contraxit. I.G. SCHEUCHZER

[12] 江戸の地図

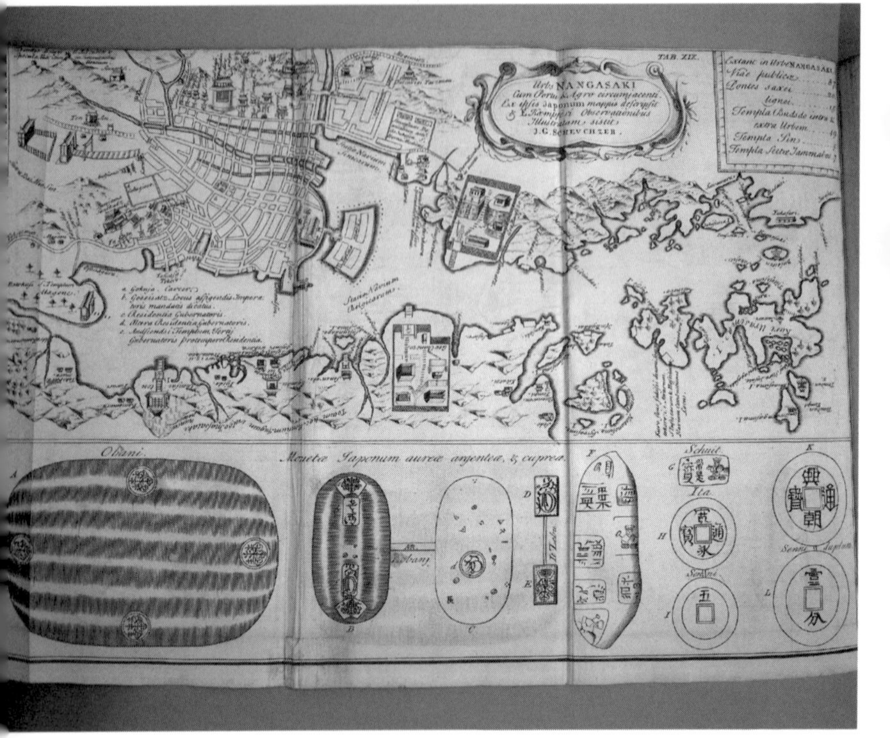

[13] 長崎の地図と貨幣の一覧

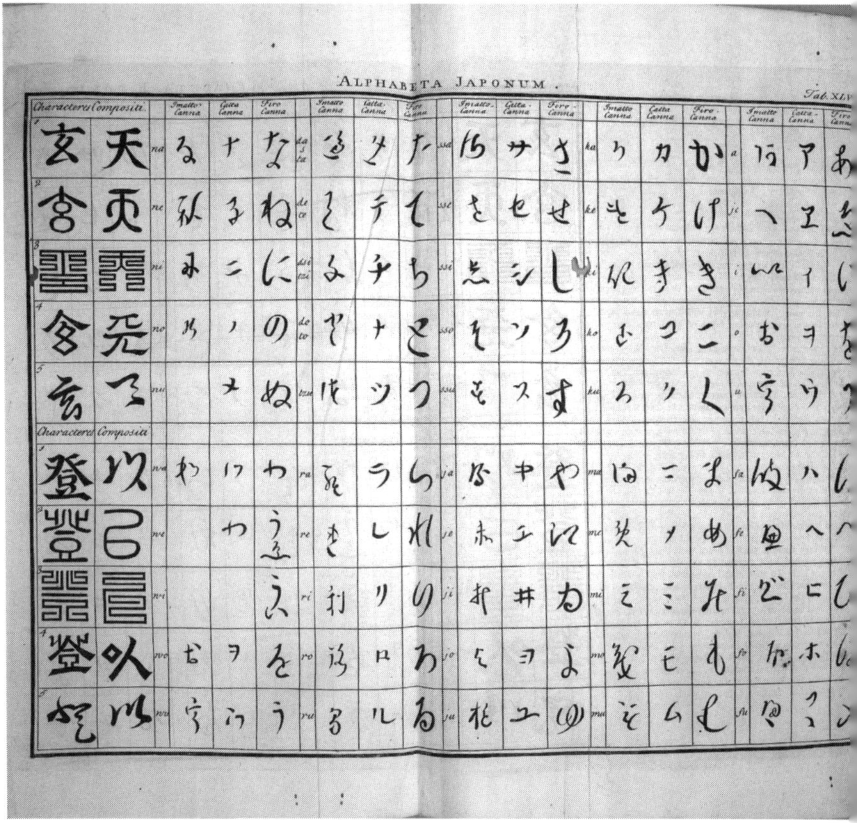

[14] ひらがなの一覧表

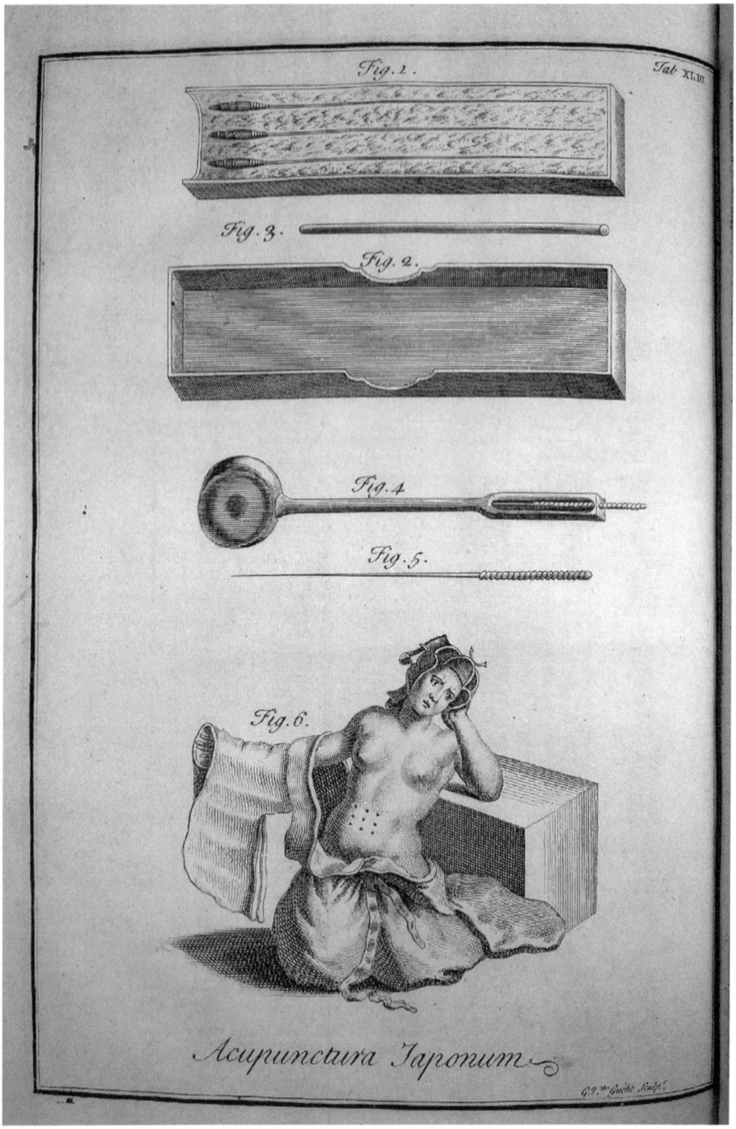

[15] 鍼の道具とそのツボの図

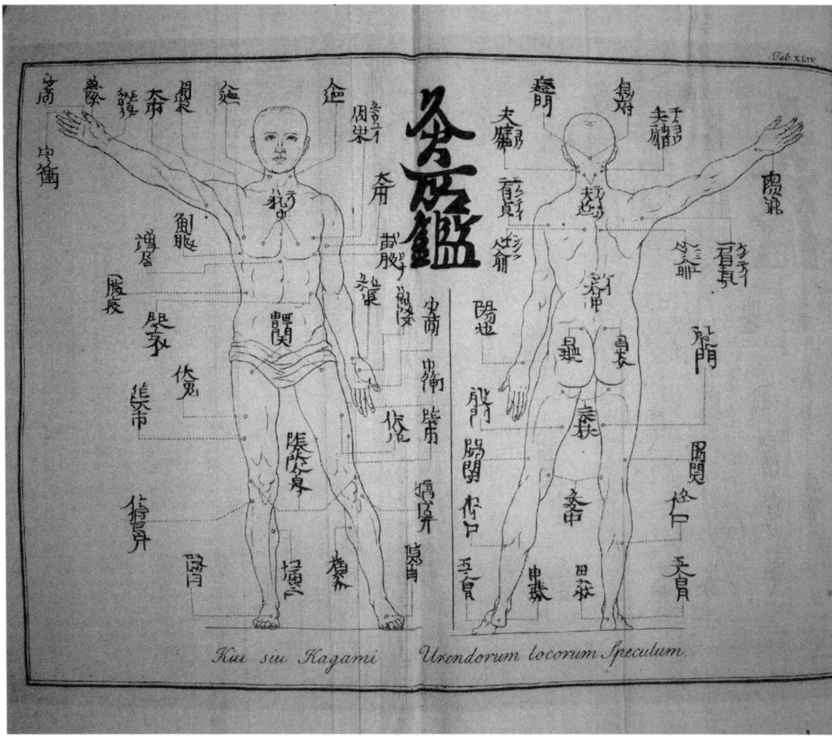

[16] 灸のツボを示す図

Tab. XXXVII.
QUANWON multimanum Sinarum & Japonum Idolum
Ex archetypo Sinico Musei Sloaniani delineavit J.G.S.

[17] 観音の図

あとがき

あとがきで二つのことを書いておきたい。一つはE・ケンペルの描いた〈日本の鎖国〉の原典ともいうべきその著書の成立についてである。私の貧しい経験からいっても、滞留わずか二年ほどで大作『日本誌』を書きあげられるか？　という疑問である。私にとって謎なのである。その点、滞日十九年の長きにわたり、しかも複数の日本人通詞の協力を得て、約五年の歳月を費やして江戸期最大の蘭和辞典『ドゥーフ・ハルマ』を訳編した商館長、H・ドゥーフ Doeff との比較を考えてみたことである。幸いにもドゥーフは帰国後、『日本回想録』(Herinneringen uit Japan, Haalem, 1833) を執筆している。長年、ドゥーフの功績を追ってきた私は、これまで、その『回想録』を貴重な資料として考察、その成果を発表してきた。『回想録』の中でドゥーフは、つぎのような注目すべき記述をしているのである（『ヅーフ日本回想録』の訳者、斎藤阿具氏の訳文による）。

〔日本に〕四五年間の在留にては、最も熟達せる者といへども、此の極めて困難なる国語〔日本語〕の字書を著作するには学力不十分なるべし。今深く之を修得するに障碍となるものを挙ぐれば次の如し。

一、現行法令にて、外国人が日本語を学修するを許さゞること。
二、日本人との交際少くして、通詞といへども、出島町乙名（Wijkmeester）即ち目付（Dwars-kijker）の監視なくしては、蘭人の家に出入し能はざること。
三、四年毎に江戸幕府に参覲すれども、常に附添人即ち監視人に取巻かれ、且つ旅行中長崎に於けると同様、少しも日本人の家庭に自由に出入し能はざること。

此等の実情を考察すれば、短期の滞在にては、何人も常に他に多くの用務を有するが故に、斯かる重要なる事業を企てゝ、短時日の間に好果を挙げんとするも、到底余裕なきことを是認し得べし。

通詞等が日々出島の我宅に来りて、此の字書の謄写を補助するにつきても、幕府より長崎の町奉行に対して、特別の允許及委任を要したりき〔杉本註：文化十三年（一八一六）に、『ドゥーフ・ハルマ』として江戸期最大の蘭日辞典が完成する〕。

予は渡来以来十二年の間、日本の幕府の為に種々の御用を果したるが故に、幕府は之を徳として、此の特別の允許を予に与えたりしなり。

予は長く日本に在留せしため、自ら其政体・宗教及習慣につきて幾多の観察を為せしも、今此の甚だ顕著なる国に関して巨細に叙述することを避くべし。之に関してはエンゲルベルト・ケンプェル（Engelbert Kaempfer）が前世紀の初に公刊したる著作は今尚最良とす。されど此の著作は此の独逸人よりも、寧ろ総督カンホイス（Camphuis）の作たることを知らざるべからず。* 蓋しケンプェルは日本に二年間在留せしが、自ら日本語を解せず、又同国人の一僕を使用せしも、之には先づ和蘭語を教ふる必要ありし程なれば一向同国に関する重要なる報道を得ること能はざりしなり。之に反してカンホイスは頗る文学嗜味に富みて学識あり、ファレンタイン（Valentijn）が其の大著に編入せるバタヴィヤ創立史をも書きたる人にして、名高きオンノ・ヅヴィール・ファン・ハレン（Onno Zwier Van Haren）も、特に之が伝記を作るは決して無益に非ずと認めし程なり。此人は前に甲比丹として日本に在りし者なるが、彼が同国にて蒐集せる詳細なる視察録をケンプェルに渡せしかば、此の独逸医者は自身の観察の如く粧ひて、此の宝典を表示せり。されば此の場合に於ても和蘭人の功績は、外国人の為に隠蔽させせられしなり。

*【訳註】（Johannes Camphuis）は一六七一年―一六七二年、一六七三年―一六七四年及一六七五年―一六七六年の三回甲比丹として出島に在り、後一六八四年より一六九一年まで蘭領印度の総督たりし人なり。ケンプェルが瓜哇より日本に向ひしは一六九〇年五月なれば、同人の総督在官中なりと知るべし。

カンホイス（カンプハイスとも）は商館長を三回、江戸参府も三回、かのオランダの名医、テン・ライネ Willem ten Rhijne を日本に招致した。一六八四年（貞享元年）、東インド総督に任命されており、文筆に優れた人物という。帰国後、日常生活に日本趣味をとり入れたいわば知日派のオランダ人である。日本に関する書物の執筆はないが、滞日中の行動などドゥーフのいうように日本をよく考察した商館長の一人といってよい。その人物とケンペルの関係を、ドゥーフが右のようにのべているのである。このあたりはまだ研究のメスが十分に入っていないようである（一般に商館長の功業はまだほんの一部が研究されているのみ）。ちなみに、『日蘭交流四〇〇年の歴史と展望』（財団法人日蘭学会編、二〇〇〇年）にも、どういうわけか、ケンペル『日本誌』、あるいはそれと関連の深い『鎖国論』の意味するところ——そうした点を論評する批判がみえない。不思議である。

私自身、このドゥーフの所見を肯定も否定もできないが、結果としてあれほどの地図や文献などの持出しをみると、後年のシーボルトの場合以上に、幕府の監視の眼のゆきとどかなかったことにむしろ疑問をもつ。果して金銭によって若い今村源右衛門英生は、自由に必死と協力を惜しまなかったのだろうか（解題、二七三頁以下を参照）。

＊

その二はいうまでもなく、訳者、志筑忠雄と、『鎖国論』との出逢いのことである。

私が志筑忠雄の論考にはじめて出逢ったのは、語学書、『蘭学生前父』（写本）といういわば対照言語学の祖ともいうべき小論である。大学図書館で故岡村千曳先生から紹介された。さらに決定的ともいえるのは、〈国語学史上の一発見——中野柳圃と『西音発微』〉（昭和四十一年六月）として発表した論文にとりあげた『西音発微（さいおんはつび）』（文政九年・一八二六刊）である（『洋学史事典』にセイオンハツビで立項しているのは誤り）。拙論を世に問うてもはや五十年に近い。偶然、神田の古本屋で同書を発見購入、一読してその論説の科学的で新鮮さにまさに大きな衝撃を受けた。

その後、何とかしてこの旧長崎通詞の言語研究の全貌を明らかにし、埋もれたこの人物を史上に確かな位置を与えたいと思い、資料蒐集と内容の検討に日夜をついやした。もっとも私のライフ・ワークは近代日本語の成立とその過程を実証的に記述することである。そうした資料蒐集の旅路で、はからずも蘭学という未知の世界に足をふみ入れ、ふとした折その神のお遣いか鸛（こうのとり）が、赤ん坊ならぬ『鎖国論』（写本）を書斎に運んでそっと置いていった。

しかしそのまま、いつのころのことかまったく記憶になくなった。記憶にないまま書架に放置されていた。いよいよ人生、余命もすくなしと九死に三生を得た私は、この写本に再び対峙し自分なりの小察を加えて、この世の置き土産にしようと決意した。もっとも単刊出版の気持などまったくなく、雑誌に連載していた〈近代訳語の検証〉をまとめて一巻とし（『近代翻訳語の世界』として刊行予定）、その余論として、この江戸期、まれにみる翻訳家、志筑、のち中野と本姓にもどった人物の著訳書である『鎖国論』を紹介したいと念じた。しかしである。翻刻してこれまでの『鎖国論』の印行を調べてみると、幕末『異人恐怖伝』（二百部限定。のち『文明源流叢書 三』に翻刻、活字化して収録される）と明治二十四年刊、内藤耻叟校訂『少年必読日本文庫 五』（博文館）の二本のみであることをしった（但し、何のことわりもないが、後者も底本は『異人恐怖伝』のようである）。最近では岩波書店企画刊行の「日本思想大系」などに収録されているかとみたが、やはりみえない。おそらく信頼に足るよき稿本写本が見出されぬゆえであろう。

翻訳語、〈鎖国〉の根源である『鎖国論』のよきテキストを提供することなしに、鎖国もその論も正しい評価は望めない。篤学な研究者、井田清子氏による『鎖国論』の写本調査によると、全国で六十本ほども存在するそうである。しかしどういうわけか翻刻刊行されているものはない。研究者の怠慢か。志筑生存に近い写本類も皆無のようにみえる。いずれにせよよき写本が見出されぬ故であろう。たとえば京都大学内田文庫の一本は志筑忠雄自筆本と称するものの、到底そのとおりとは認められないという。

結論的にいうなら、これまでの『鎖国論』の研究は、厳密な考察対象としての写本、伝本の類が著しく不足しており、俗にいえばどの論考も砂上の楼閣とさえいえる（念のためにいえばケンペルの鎖国の論ではなく志筑のと限定してである）。私は改めて『鎖国論』の一本、『異人恐怖伝』を選んで、原文（蘭文）と対校してみようと考えた。しかしこの点、〈ケンペルから志筑へ〉（「季刊日本思想史47」）として鳥井裕美子氏が一部、蘭文と訳文を対比して論述されていることをしり、同論文を読ませていただいた。しかし論考を読むかぎり、ここでも氏が選んだという四種の写本は志筑の翻訳当時から後、かなり雑音のはいったもののようで、氏のいう〈竹田本〉（大分県竹田市立図書館蔵。写者、年代不明という）は、〈原本との近さを窺わせるに足るとの判断から〉主として使用したという。しかし氏の論考には、私が〈解題〉で指摘した一点、『鎖国論』の終り、本文の翻訳が終っての志筑の案文部分の文句、すなわち〈兼ては又異国異風の恐るべく邪説暴行の悪むべくして……〉と異人への恐怖を示す行文の有無について指摘報告がみえない。同写本も『異人恐怖伝』と同文のようである。私はここの文言を後人の付加と推定している。おそらく他の三本とも校合されたといわれるので、〈竹田本〉などにも私のいう〈中野本〉の翻刻にはみえない文句があるようである……。――こうして私はまず（もちろんこれだけの理由ではないが）、書架の『鎖国論』を翻刻して世に提供する意味ありと断じたわけである。

私が解題でのべたように、『鎖国論』はケンペルの〝鎖国観〟であると同時に、志筑忠雄の〝鎖国論〟という二重構成であることに十分に配慮しなければならない。率直にいって、いわゆる知識人たちが『鎖国論』を書写し、通読したのは志筑の死後、十九世紀に入ってからのことである。しかもおそらくどの読者もオランダ語をよくしない人たちであったろう。原文との対比検討などもせず、訳本にのみ頼って読後感をもったにすぎない。

私は『鎖国論』を完璧に論評することのできる段階にまで、いまだにテキスト批判は行なわれていないと思う。そこで座してよき写本の出現をまつより、まず己れの写本を埋もれさせるにはしのびないので、とりあえず影印と翻刻とを一本にまとめて研究者に提供することにした。もとよりこれまで『鎖国論』を考察された研究者の貴重な成果も拝読させていただき、大いに啓蒙された。心から感謝している。

講読した限りでは、呉秀三訳註『ケンプェル江戸参府紀行 下巻』（駿南社蔵版）に〈附〉として所収の〈鎖国論〉（ドイツ語版の『鎖国論』を翻訳）がもっとも基本的によるべき大切な資料の一本と考える。とりわけ同氏が註記されている〈志筑本〉とは何か、どこにも断りなく正体不明なのは残念である。呉氏が参照したであろう〈志筑本〉の『鎖国論』がどのようなもの（写本？活字本？）であったか、是非とも確認し、できれば一見したいと思う（先の井田清子さんの論文もにも特にふれられていない）。

ともあれ、志筑忠雄訳『鎖国論』のもっとも古く、その翻訳時に近い写本と思われる一本をこの機に公開し、研究者の机上に見参できることはこの上ない洪福と痛感している。

末筆ながら、八坂書房編集、八尾睦巳さんには『鎖国論』関連の資料、論文、原稿の校正、校閲など全面的に協力をいただいた。厚く謝辞を刻したい。単刊出版のことまでふくめて。

編者識

平成二十七年八月七日

［校註・解説］

杉本つとむ

1927年横浜生まれ。
文学博士（東北大学）。早稲田大学名誉教授。
編著書：『杉本つとむ著作選集』（全十巻、八坂書房）に収録の主著の他に、近刊として『語源海』（東京書籍）、『蘭学三昧』（皓星社）、『市民のための国語の授業』（おうふう）、『馬琴、滝沢瑣吉とその言語生活』（至文堂）、『井原西鶴と日本語の世界』（彩流社）、『十八・十九世紀日魯交流人物史話』（東洋書店）、『漢字百珍』『日本本草学の世界』『蘭学と日本語』（八坂書房）などがある。

鎖国論—影印・翻刻・校註

2015年 9月10日　初版第1刷発行
2015年11月25日　初版第2刷発行

訳　者　志筑忠雄
校註・解説　杉本つとむ
発行者　八坂立人
印刷・製本　モリモト印刷（株）

発行所　（株）八坂書房

〒101-0064　東京都千代田区猿楽町1-4-11
TEL.03-3293-7975　FAX.03-3293-7977
URL.: http://www.yasakashobo.co.jp

ISBN 978-4-89694-193-7